ヤマケイ文庫

タープの張り方 火の熾し方

私の道具と野外生活術

Takakuwa Shinichi 高桑信一

Yamakei Library

目次

1章 渓の基本装備……6

3章 源流釣り

1章

渓の基本装備

背負える荷物は限られている。
ならば、なにを持つべきか。
「渓を遡るために必要なもの」
それだけでいい。
渓を楽しむためのもの、
それだけは叶うかぎり持ちたい。
歩みを深めれば、
渓の夜はすぐそこにある。
ザックの重さから解放される。
そのためだけに遡ってきたのだ。

1｜ザック

ザックの変遷

登山を始めたとき、最初に買い求めたのがザックだった。「キスリング」と呼ばれるザックで、ほかに選択肢はなかった。

帆布で作られたキスリングザックは、本体の両側にも収納室のある横長のタイプで、サイズは豊富にあり、そのいずれかのザックですべての山行をこなした。フレームも背中の補強もウエストベルトもないため、背負いにくいことこのうえなく、パッキングの上手下手《じょうずへた》に山の経験が現われるといわれたものだ。

しかし、私が初めて八ヶ岳の正月合宿に参加したときは、背負子《しょいこ》を使った。軽量なジュラルミンポールの背負子が登場したころで、キスリングよりはるかに背負いやすく、これに一斗缶を2個と、これも出始めのアタックザックを載せた。

このときの重量が38kgだったのを、今でも覚えている。

いくら背負いやすいとはいえ、赤岳鉱泉に置いたベースキャンプまでの遠い道程は苦痛でさえあった。まだアタックザックは小型のものしかなく、だからこそアタックの名が付いたのだろうが、次第に大型のものが普及して、キスリングザックに取って代わるのである。

そしてザックは、縦長という基本構造をそのままに、さまざまな試行錯誤を重ねて、現在の百花繚乱ともいうべき状況に至る。

今まで、いくつのザックを使ったのだろうかと数えてみるが、まったく覚えていない。日帰り用と宿泊用と長期の山行用で3個として、5年でそれぞれ買い替えれば、40年を超える登山歴なら24個になる計算だから、思い出せないのも無理はないが、使ったザックはおそらくもっと多いだろう。

季節を問わず、年間60日はハードな山行をしていたのだから、ひとつのザックで5年ももつはずがない。

これまでで最も大きなザックが70ℓだったのは覚えている。大は小を兼ねるから、遡行専門になってからも、しばらくそれを使ったが、やがて秀山荘の「ウォータークライムⅡ」というザックに落ち着いた。

「ライペン　グラン・クロワール」
アライテント
RIPEN

1 ザック

沢登り専用のもので容量は60ℓ。底部に水抜き用の穴があって、防水袋が付いており、沢登りに特化した優れものであった。

そして仕事を辞めてフリーになったころ、ふたつのザックに出会う。

ひとつは、モンベルの「シャワークライムパック50」で、その意表を突いた発想に驚かされた。なにせ本体はカヌー用の防水バッグだ。カヌーを漕ぐとき、濡れないように足元に収納するためのバッグだが、これにザックの機能のあれこれを付けたのである。

つまり大げさに言えば、このザックは一切の防水を必要としない。泳ぎの遡行でいくばくかの不安があるとしても、ザックの内部に防水袋を入れれば完璧といってよかった。

この革命のようなザックを私は愛した。容量は50ℓだが、背面の小さなザックと雨蓋を加えれば、プラス10ℓの収納は充分にある。この軽快なザックによって、私の行動領域が広がったことは確かだ。

もうひとつが、ライペンの「グラン・クロワール」である。まさにシンプル・イズ・ベストを地で行くようなザックで、軽くてスマートで、小さな工夫と心配りが随所にあって、なにより、さりげなさがよかった。55ℓ＋10ℓという容量も私にとっては最適だった。雨蓋は、取り外せばポーチやサブザックにもなった。かくして、渓のシャワークライムパックと、それ以外の、あらゆる山行をこなすグラン・クロワールが私の山を支えることになる。

しかし、やがて困った事態になった。背骨の一部が突起したのである。頻繁に重荷を背負うがゆえの職業病だろうと揶揄《やゆ》されたが、本人にとってはそれどころではない。別に山行に支障はないのだが、モンベルの例のザックは背面にフレームが入っていて、これが背骨に当たってつらいのだ。長い山行になるとザックのフレームと背骨が擦れて化膿し、行動がとても不快になる。

なんの因果かと嘆く頭の片隅で、そろそろ代わりの遡行用のザックを探さねばと、日々思い悩んでいる。

2 渓流足袋

足袋一辺倒

時折、沢を始めたころを懐かしく思い出す。

沢の畔《ほとり》で流れにわらじを浸し、石でまんべんなく叩く。そうすることで、藁《わら》が締まって長持ちすると教えられたからだが、それは遡行を始める前の儀式でもあった。ザックを下ろして無心でわらじを叩いていると、渓に入る意欲と覚悟が静かに満ちてくる。

足まわりは地下足袋である。

わらじは減ってきた頃合いに左右を履き替えれば、一足で一日半はもつが、編む人が高齢化して供給が先細りになると、一足で一日もてば上出来の粗悪品が多くなった。そのため、奥利根で一週間の合宿を組むときなど、ザックの半分がわらじだったほどだ。

「渓流タビ」キャラバン
渓流

それでも、沢登りのメッカだった丹沢山麓の商店の軒先には、去りゆく時代を惜しむかのように、わらじが揺れていたのである。

抜群のフリクションを誇ったわらじの素材を、藁からポリプロピレンに替えて登場したのがポリわらじで、使い勝手がよかったのに、なぜかそのあと出たフェルトわらじとともに短命に終わった。

フェルトわらじは、フェルトの一枚板に装着用のひもを縫い付けたもので、最初はいいのだが、減ってくるとひもの縫い目が切れて、すぐダメになった。

それなら、足袋とフェルトを一体にしてしまおうと考えた頭のいいやつがいて、やがて生まれたのが「鮎足袋」と呼ばれる製品。当初は釣り具店で売られた。

この鮎足袋が、現在の渓流足袋の原型になったのだが、わらじのようにスペアを持たなくて済むが、初期の製品は、フェルトが剝がれて遡行を継続できなくなるトラブルが続出した。

その欠点を改良した渓流足袋が遡行者に認められ、沢登りの代名詞のようにして存在を確立したころ、満を持して登場したのが渓流シューズだった。

渓流シューズは、靴底にフェルトを張ったもので、値段は渓流足袋の2倍以上もしたが、その水切れのよさと、フェルトが減っても足裏が痛まない利点によって、またたく間に渓流足袋を凌駕したのだ。

渓流シューズの足裏が痛くならないのは、フェルトが減ると地面の衝撃が直接伝わる渓流足袋と違い、しっかりした靴底にフェルトが張ってあるからだ。

その値段と耐久性によって、基本的に渓流足袋は使い捨てで、渓流シューズはフェルトを張り替えて使う。

渓流シューズにはフリクションの利く高価なウールフェルトのものもあり、滑らない分、減りも早く、連続して履くと一週間もたたずに張り替えが必要になる。張り替え費用は８０００円ほどだから馬鹿にならず、遡行を終えたらスニーカーに履き替える遡行者が多かったのもうなずける。

渓流足袋にするか渓流シューズにするかは一概には言えないが、私が一貫して渓流足袋を使っているのは、それで支障をきたさないし、そもそも安価だからだ。

思えば地下足袋は冷たく、足の指をぶつけると、すぐに爪が死んだ。次の爪が生える途中にまた死ぬから、一時は爪が三段にもなった。ネオプレーンの渓流足袋は保温性があって、つま先が丈夫だから爪が死ぬこともなくなった。

そして近年登場した、渓流シューズの革命ともいわれているのが、アクアステルスに代表されるラバーソールの靴で、フェルトとはまったく違う、いわば硬質ゴムのような特殊素材でできている。

この靴の特徴は、クライミングシューズに勝るとも劣らない高いフリクションがあり、世に出た当初は沢登りの革命か、ともいわれたが、その一方で無視できない問題も指摘された。

それは、コケの生えた渓では、その驚異的なフリクションを帳消しにしてしまうほどよく滑ることだ。

渓流足袋を偏愛している私が、この靴を買ったのは遡行のためではない。剱岳のクライミングの取材を受けたからで、純粋に、この靴のクライミング性能を信じたのだ。剱の岩壁で、アクアステルスの靴は、確かな登攀力を実証した。

その余勢を駆って、数日後に北アルプスの湯俣《ゆまた》川を遡行した私は、上流のコケの出てきた流れでセミになった。一歩も動けないのだ。動けば滑って転んでカメラを沈めそうで、私は仲間の差し出す杖に情けなく縋《すが》り、たどたどしく遡行したのであった。

渓流足袋にピンソール（P22）を装着している

3 ピンソール

いつもザックの片隅に

渓の遡行に正解はない、というのが私の考えだ。滝を登ろうが高巻こうが、どちらでもかまわない。好きにしていいのである。

しかし、たやすく登れる滝を、あえて高巻くのは現実的ではない。大方の場合は、やむを得ず高巻くのであって、だからこそ厄介だともいえる。

高巻く場所が深い森なら問題はない。しかし、今にも滑り落ちそうな草付か際どい岩場のヘツリなどが往々にして出てくる。たかだか2m程度の滝であっても手前に深い釜があり、ツルツルの側壁に護られて手も足も出なければ、頭上数百メートルにも及ぶ高さの大高巻きを延々と強いられるのも、決して珍しいことではない。

そんな高巻きで頼りになるのがピンソールだ。「ピン」は突起で「ソール」は底だから、靴の底の突起である。ピンソールの開発者は北茨城市に住む竹濱武男さん。

「ピンソール」昇栄

竹濱さんは「昇栄」という会社の社長で、私の釣りの師匠でもあり、彼は趣味が高じてピンソールを思いついた。

長さ6㎜のピンが前後に10本付いていて、このピンが、危うい斜面を的確に捉えるのである。私がこの手のものをあまり持たないのを知っている友人が「あの面倒くさがり屋の高桑さんが使っているんだからねえ」と驚くほどだ。

面倒なのは高巻きのたびに着脱を繰り返さねばならないからだが、それを厭《いと》わないほど強力な武器である。だから私は仲間たちに、50歳を過ぎるまでピンソールを使ってはならない、と禁止令を出した。ピンソールに頼りすぎると遡行の腕が鈍るからだ。せめて使うなら爺になってからにしろ、と言ったつもりだが、私の苦言など聞くはずもなく、若い仲間が嬉々としてこれを用いる。

ピンソールの出番はほかにもあって、急斜面の登山道でも威力を発揮する。別に、踵だけのピンソールミニもある。

と、ここまで絶賛するのは、私がピンソールのモニター兼アドバイザーだからだ。時折、竹濱さんから送られてくるが、その都度、微妙に仕様が違うのは、研究熱心ゆえのバージョンアップで、果たしていつになったら最終形が完成するのだろうか。

ピンソールを装着するとこんな感じ。高巻きの強力な武器である

4 作業用手袋

ゴム軍手に魅せられて

ゴムでコーティングされた軍手が登場して何年がたつだろう。

最初はメリヤス製の白い軍手一色だったはずである。それがやがて、手のひらに滑り止めのゴムのポチポチが付き、そのうちに手全体に広がり、最近では指の先までゴムでコーティングされるようになった。

私たちはなにげなく「軍手」と呼ぶが、おそらく軍手は作業用手袋の範疇に含まれる。同じ作業用手袋でも軍手の扱いが別なのは、素材が違うからだろうか。しかし、調べてみると、軍手とそれ以外の作業用手袋の明確な差異はなく、素材も混在している。軍手が軍隊で使われてからの命名なのは字面からも明白だから、その長い歴史を思えば、作業用の手袋を軍手と呼んでも差し支えないのだろう。

私が渓で使っているのは作業用手袋として売られているゴムが付いたもので、こ

4 作業用手袋

れを好んで使うのは滑らないからだ。その、岩場でのグリップ力ときたら驚嘆に値する。加えて安い。私が買うのは高くても300円以内である。もちろん、作業用といえども高い物はキリがない。その値段に抑えるのに意味はない。作業用にする前の遡行用の手袋は3000円以上もしたからだ。しかしあの手袋は、数回の遡行で縫い目が解けてボロボロになり、おまけに放っておくと、すぐに硬化してゴワゴワになる。作業用の手袋を使った瞬間、私はこれに魅せられた。

ならばもっと高い物でもいいではないかと思うのだが、安い物にこだわりたいのだ。それは私が山行後の温泉の入浴代で、700円以上は出さないのと似ている。日帰り温泉ならば700円が限界だ。いつだったかどこかの温泉で、値段を聞きに行ったら1000円と言われて総引き揚げを命じたことがある。されど温泉だが、たかが温泉で1000円とは何事か。興奮して思わず話が逸れた。

色も軍手を思わせないのがいい。カラフルでカッコいいのである。これを私は指先を切って使う。この、極めて優れた作業用手袋を使うクライマーを見かけないのはなぜだろう。しかとは言えないが、おそらくクライマーと遡行者の気質が違うからではないか、というのが私の勝手な偏見である。

作業用手袋は、山菜採りにも使える。手にしているのは行者ニンニク

5 サブザック

親亀の上に子亀を載せて

これは私が愛用しているライペンのザック（P8）の背中に付けているサブザックである。このザックを私は「亀さん」と呼ぶ。

飯豊の山で世話になっている新潟の先輩に、敬愛する亀山東剛さんがいるので、まさか「亀」とは呼び捨てにできないのだ。いつなんどき口が滑らないとも限らず、すべからく「さん」付けしておいたほうが間違いはない。

しかし、ここまで書いて、どうして亀にしたのだろうと、われながら思う。おそらく子亀が背中に載っているイメージからの連想で、それならば大木にしがみつくセミでもいいはずだが、ともかく、亀さんになって久しい。

このサブザックの用途を変えたものにスコップ用の亀さんがあって、雪山や山スキーの際に登場する。私はまったく同じザックをふたつ持っているので、それぞれ

「ライペン　カーゴポケット」
アライテント

のザックに無雪期用と冬用の亀さんが載っていることになる。

亀さんの容量は7ℓで、ベースを置いて釣りに行ったり、それほど遠くない頂上までのアタックに便利だ。しかし多くの場合、亀さんはいつもザックの背中に付けられたまま。ザック本体や雨蓋に入りきらない装備の収納場所として活躍するのだが、いつの間にか亀さん専用の収納装備が決まってしまった感がある。

まずはフライパン（P152）で、本体にはしまいにくいから、理想の収納場所というべきだろう。あとはタープを張るための、かなりの量のビニールひも（P114）が、十年一日のごとく亀さんの底部を占有し、そこにピンソール（P22）や医薬品（P94）や、ペッタンコ水筒（P172）の類、さらにサンダル（P74）までもが強引に押し込まれるのだから、7ℓの亀さんは、あっという間に満杯になる。

それならザックそのものを大きなサイズにすればいいではないか、という話になるが、それはできない。大は小を兼ねるというが、事はそれほど簡単ではない。

ザックのサイズを大きくすれば、結局は荷物が増えて重くなる。容量を限定しておくことによって、創意と工夫が生まれる。そうやって私は、これまでのすべての山行をザックとともに乗り切ってきたのだ。

亀さんを背負い、釣りに出る。仕掛けや雨具、薬品などで満杯になる

6｜アンダーウェア

もはや皮膚の一部

ファイントラックの製品を使い始めたのは近年のことだ。渓の遡行に最適とされ、いいものだろうとは思いつつも、なかなか手を出さなかったのは、泳ぎを伴うような攻撃的な渓から遠ざかっていたのと無縁ではなく、さらに私の天邪鬼《あまのじゃく》の性格も多分にあった。

ファイントラックの製品を初めて身に着けたのが、仲間からもらったからというのも情けない話だ。それは薄いメッシュの下着で、いかにも頼りなかったが、着けてみて、すぐにその保温力のすごさを悟った。贈ってくれたのは後輩の会員で、別に私のためではなく、買ってみたらサイズが小さかったからで、それなら恩に着なくてもいいし、まあ使ってみるかと、なにげなく受け取った。

私はファイントラックの回し者ではないが、その使用感は衝撃であった。贈られ

6 アンダーウェア

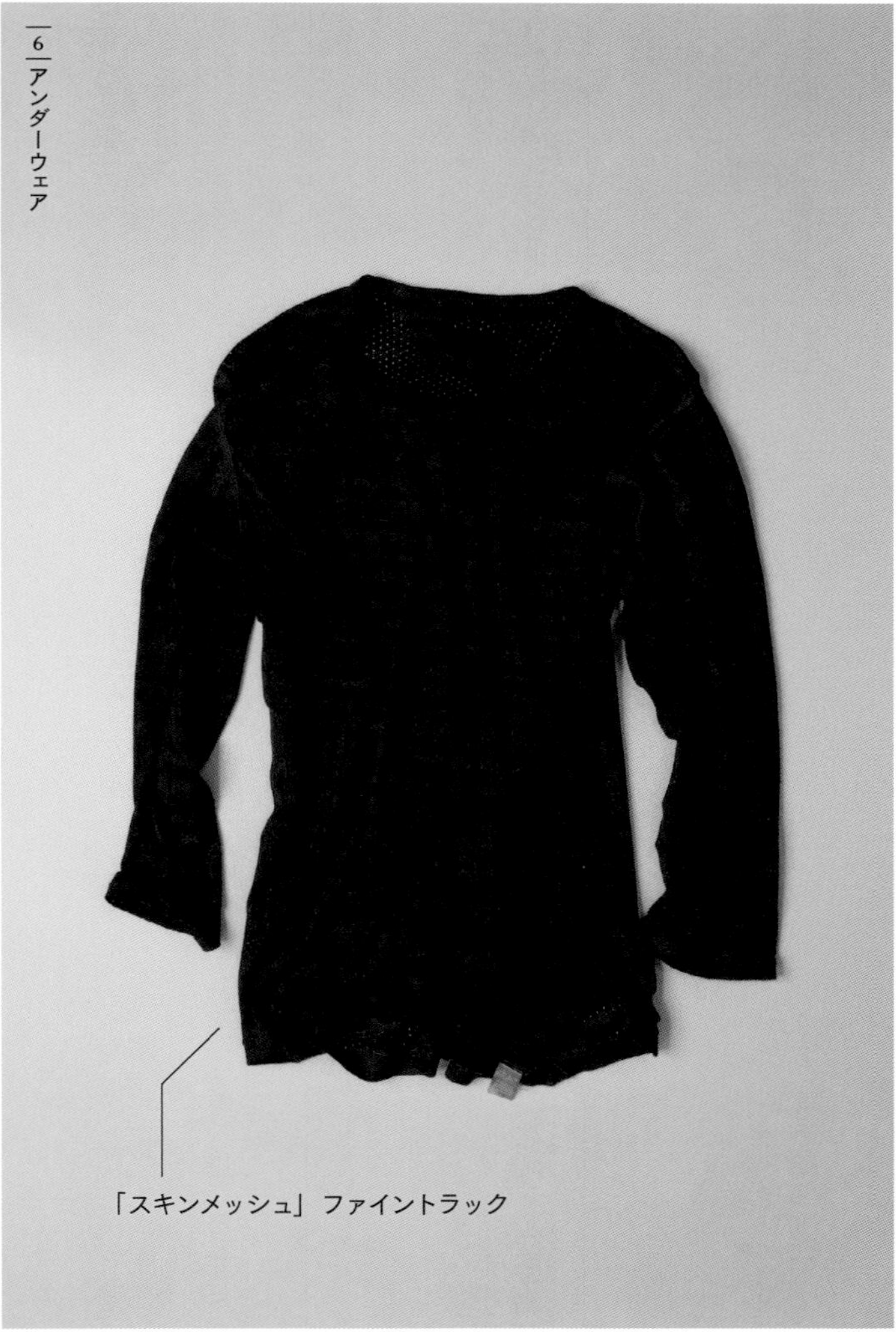

「スキンメッシュ」ファイントラック

たのは渓ではなく山スキーのときで、その場で身に着けたが、「なんじゃこの暖かさは！」というのが素直な感想だった。いわば食わず嫌いというもので、なんでも試してみなければ語れないが、下着とあっては試着するのも憚《はばか》られるではないか。

ともあれ、この出会いには感謝している。その証拠に、贈られて以降、私はこの下着を手放していない。昔は「冬山には親父のラクダのシャツがいい」だのと言っていたのだから、これはやはり隔世というべきだろう。山スキーや雪山はもちろんのこと、遡行の際や縦走でもTシャツの下にこれを着る。さすがに猛暑のときは脱ぎたくなるが、しかし、優れた撥水力による爽快感が着たままにさせる。

といいながら、それでは他の装備もファイントラックにするかとなると、考えてしまう。お金の問題もあるが、なによりあの、舌を噛みそうな横文字の羅列が、躊躇《ためら》いを招くのである。

おかげで私はいまだに、後輩にもらった下着の正式名称を覚えきれない。

それにしても、同じ下着をこれほど長く使った記憶がない。忘れ物大王の私でも、着ているかぎりはなくさない理屈だが、季節を問わず身に着けてなお、ヤブこぎに苛まれ、いつ捨てても惜しくないくらい、ボロボロになってしまった。

私の基本的な渓の遡行スタイル。Tシャツの下にスキンメッシュを着る

7 防水バッグ

ザックカバーは嫌い

私のなにほどのこともない美意識でいえば、ザックカバーは嫌いである。雨が降ろうと槍が降ろうと、ザックは見た目のままでいいではないか。それを、少しの雨でもそそくさとザックを下ろし、カバーを付け始めるのは、さもザックを大事にしているようで見苦しい。荷物が濡れるのが嫌なら内側を護ればいいのだ。大きなお世話だというのはわかっている。好きなようにすればいい。使ったこともないくせに、とは言われたくない。使ったことはあるが、性に合わなかったのだ。それはおそらく、私が渓の人間だからだ。

元気溌剌だった若いころは、泳ぎを余儀なくされる険谷を幾度となく遡行したものだ。そこで必要不可欠なのはザックの防水だった。厚手のビニール袋を何枚も重ねてザックに入れ、荷物を収納してから細引きで厳重に縛る。それでも、どこから

「防水バッグ 60ℓ」モンベル

ともなく水は浸入してくる。

しばらくしてインナーザックなるものが出た。この商品が少数派の沢登りのために開発されたとは考えにくいが、便利だから飛び付いた。それが習い性になったのか、泳がなくて済む渓でも、インナーザックを欠かさないようになった。むろん冬山でもこれを使う。しかし、こいつの欠点は滑らないことだ。荷物が内側の素材に引っかかって収納しにくいのである。素材はおそらく、ゴアテックスが登場する以前に活躍した合成ゴムのハイパロンと同じものだと思う。

ところがコロンブスの卵で、これは裏返して使うと具合がいいのである。滑りのよいインナーザックが各社から出ていることは知っているが、今のところは不自由を感じていないから、しばらくはこれでいい。インナーザックのいいところは外から見えないことだ。豪雨の最中《さなか》を歩いてザックがずぶ濡れになろうとも、中の荷物はなにひとつ濡れてはいない。それが私の美意識だ。

内側がどうなっているかは誰にもわからない。それは女性の下着のように、あるいは着物の裏地のように、見えないところに金をかける贅沢と似ていなくもない。とまあ、それほどのことでもないのであるが。

腰まで浸かり、ザックが濡れることも。水に親しまなければ遡行は覚束ない

8 キャップ帽

手ぬぐいから帽子へ

長らく私のトレードマークは、額にきりりと締めた手ぬぐいであった。それがいつしかキャップ帽に替わったのは、しかとは覚えてはいないが会社を辞めてフリーになったころだ。イメージチェンジをしたかったのだと思う。フリーになれば有名山域や山小屋を取材する機会が増え、一般登山道を歩く機会も増える。

渓を遡っている分には手ぬぐいでいいが、まさか多くの登山者と行き交う山道で頭に手ぬぐいでもなかろうという気持ちが働いたからに違いない。ならば渓の遡行は手ぬぐいで、登山道を帽子にして使い分ければいいものをそれができなかったのは、白髪化完了といわれた頭髪のやむを得ざる事情があったからだ。変身願望もあったのだと思う。若く見られたいのだ。目深に帽子をかぶれば白髪は完全に隠れるが、しかし私は浅く、あみだにかぶった。帽子を脱いだときの「あの人、真っ白だ

8

キャップ帽

ったのね」と受け取られるイメージの落差を嫌ったのだ。涙ぐましい男心である。

小さいながらも山岳会を率いていた当時、遡行時のヘルメットの携行と着用を申し合わせた。ヘルメットの着用は安全を優先した措置だったが、しかし美しくなかった。登攀的な渓ならそうあるべきだが、心和む、穏やかな渓にヘルメットは似合わない。なにより無粋だった。だから私はヘルメットの着用を柔軟に対応させ、自身はすべての渓を、手ぬぐいの鉢巻きだけで通した。

その手ぬぐいがキャップ帽になったのは、白髪化とともに進行した毛髪の薄さもある。ともかく暑いのだ。毛が薄くなると、直射日光がもろに頭皮に降り注ぐし、ヤブこぎでケガをしたりで、いいことがない。まして雨に遭ったりすると、毛髪のクッションがないため、手ぬぐいの鉢巻きが情けなく滑り落ちてくる。直射日光の遮蔽と頭部の保護。その現実の対策を思えば、いまさら手ぬぐいの鉢巻きに戻ることはなさそうだ。

キャップ帽に付けたストラップは、風で飛ばされないためだ。百円ショップで売られている「新幹線」の留め具が付いた子ども用の安物だが、なくさないかぎりは、これを使い続けるはずである。

葛根田川に向かってヤブをこぐ。キャップ帽は頭部を守るために欠かせない

9｜手ぬぐい

とはいえ手ぬぐいも好き

頭部を保護したいのなら、手ぬぐいにはそれなりのかぶり方があるのだが、私が手ぬぐいを鉢巻きに使うのは、汗止めの効果のほかに大きな目的があった。気合いを入れるためである。

ねじり鉢巻きをした瞬間、意欲と闘志と、穏やかな安静に満たされるのだ。

私が愛用したのはカトレアの花が中央に大きく描かれた手ぬぐいで、女性の象徴のそれである。この手ぬぐいを地面に広げ、かしわ手を打って鉢巻きにするのが、行動開始に際しての欠くべからざる儀式であった。

またあるときは、隅から隅まで四十八手が染められた手ぬぐいだったりした。これにかしわ手を打つのは意味合いが違ったが、代用にはなった。

カトレアも四十八手も、知らぬ間に手元から消えた。この手の手ぬぐいは漂泊す

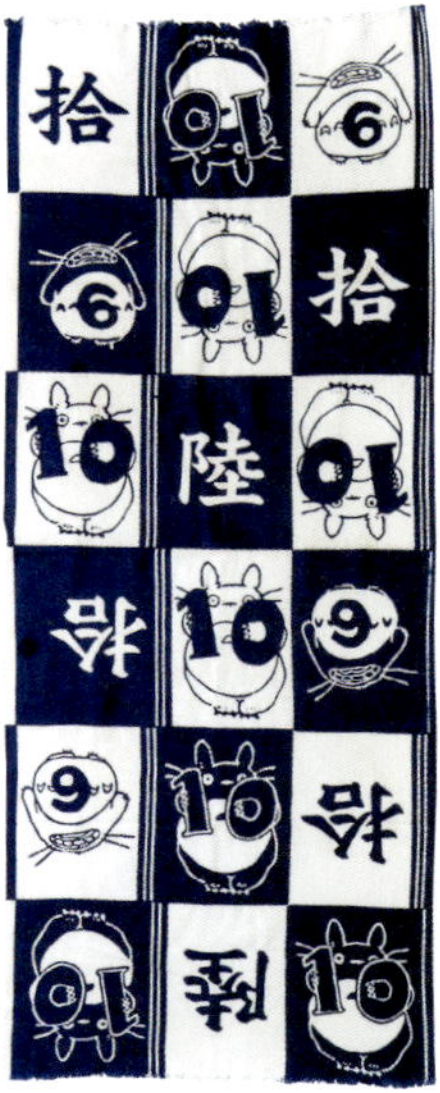

トトロの手ぬぐい

『岳人』の手ぬぐい

丸川荘の手ぬぐい

る運命のようで、長く手元にとどまらないものらしい。その後、なんの変哲もない手ぬぐいになっても痛痒を覚えないのは、男の脂が切れて枯れたからである。

手ぬぐいを遡行の友として長年親しむと、いつの間にかかなりの数になり、これではまるで手ぬぐいコレクターのようだと思う。もちろん自称である。自称だから、集めた手ぬぐいをどうしようというつもりもなく、時折眺めて楽しむが、いつもは押入れにしまわれたままだ。それだけあれば、より取り見取りだと思うだろうが、使う手ぬぐいは、なぜか数本に限られる。

その数本の手ぬぐいが、鉢巻きをしなくなった今でも、遡行の際にはズボンの左右と後ろのポケットに必ずしまわれている。鉢巻き以外のさまざまな用途があるからだ。カメラを地面に置くときのクッションにし、汗を拭い、細く切って包帯代わりに用い、濡れた体を拭く。あるいは小雨のときにカメラを覆い、山行後の温泉のタオルとしても使える。だから1枚ではとても足りない。なくしたときは、どうしたものかと思案する。3枚持つのは、そのような事態に備えてのことだ。

私だけでなく、私の手ぬぐいもまた渓にひどく愛されているらしく、時折、神隠しのように、渓に召し上げられるのである。

四者四様の手ぬぐいスタイル。すべからく、手ぬぐいは渓の友なのである

10 ポーチ

これで七代目

肩掛けのポーチになったのは試行錯誤の結果である。

元来ものぐさだから整理整頓ができず、いったんザックにしまうと、よほどのことがなければ出さないという悪癖のためだ。

遡行時、行動食は共同で持つが、私に預けた行動食は催促しないかぎり出てこないと言われたものだ。

だからすぐに使うものは雨蓋に入れておくのだが、それすらパンパンに膨れて、探し出すのに大騒ぎする。

困った私は必要な小物を厳選し、ポーチに収納することにした。その小物が次ページに並べたものだ。こんなものまで?と言われてしまうと返す言葉がないが、これでも厳選はしたのである。

「ライペン　PERSIMMONポーチ L」
アライテント

一時はウエストポーチにしてみたのだが、これは遡行の際の泳ぎやヘツリの邪魔者でしかなく、結局は肩掛けに替えた。これなら向きを変えたり、外したりが自在である。

それでも、気に入ったものはなかなか見つからなかった。釣り用のポーチは小分けが過ぎていて使い勝手が悪く、あとは帯に短し、襷に長し。

そんな私の前に現われたのがライペンのポーチだった。S・L・XLの3種があり、私が選んだのは2ℓのLである。

収納は本体と外のポケットのみという大雑把な作りも気に入った。いや、それは大雑把なのではなく、機能を追求した結果です、とアライテントから言われそうだが、とても気に入って、現在七代目になる。

いつだったか破れて修理を頼んだら、後日、メーカーの合同展示会で、ライペンのコーナーに私の破れたポーチが飾られていた。こんなになるまで使ってもらっています、というデモンストレーションだったらしい。とても恥ずかしかったが、誇らしくもあった。

ポーチの中には、写真の小物に加えて防水手帳と筆記用具が入っている。

ポーチの中身

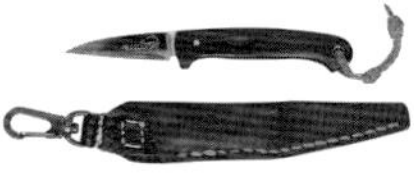

ナイフ
刃渡り4cmほどのミニナイフ。いろいろ使えて便利

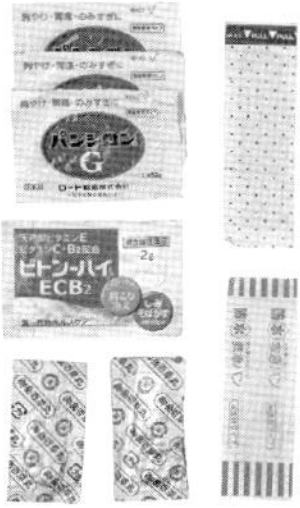

医薬品
薬品袋とは別に持つ。胃薬は必携。救急絆創膏は必要に応じて

毛ばり用油
水面用の毛ばりを浮かせるために塗ってやると効果的

キンカン
なんにでも使える。傷に、山ヒル対策に、かゆみにも

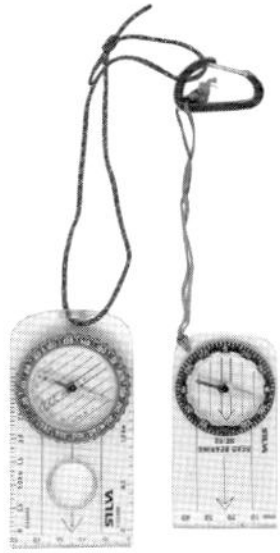

コンパス
紛失や狂いに備えて、必ずふたつ。ならば3つないと意味がないか

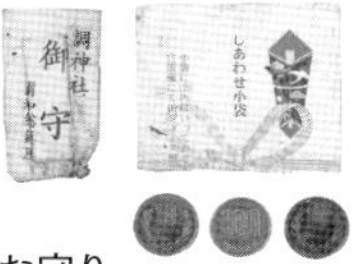

お守り
単なるお守りで、ほかになんのメリットもない。けれど重要

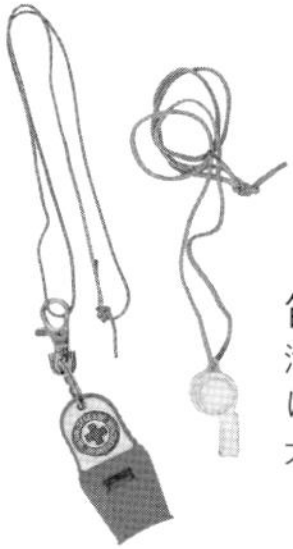

笛
滝の登攀の合図用。クマよけなど。左はレスキューの大音量の笛

赤布
ルートの確認用に、最低1枚。時には生死を左右する

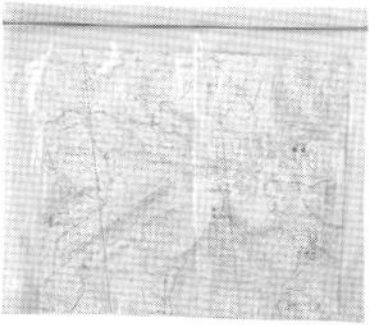

地形図
GPSを持たないので地形図は必需品。濡れ対策もしっかりと

ハンカチ
ナノハンカチは速乾性に優れた逸品。だが使ったことはない

11 スワミベルト

腰まわりはシンプルに

最初の山岳会の教えは、たとえハイキングといえども、一般未組織登山者への対応として、ウエストベルトとロープを必携装備で持ちなさい、というものであった。ウエストベルトとは、現在のスワミベルトで、ロープは6㎜程度の細いものでもかまわなかった。経験の乏しい未組織登山者は事故を起こす確率が高く、それでいながら、緊急の装備を携行していないことが多い。ならば山岳会に所属する私たちが、緊急事態に備えて必要な装備を持とうではないか、という高邁な思想からだ。

それからしばらくは、なるほどと思ってそのようにしたが、あまり出番がないと、不要な荷物は重くなる。まして、活動の主体は渓になっていた。以来、私が渓においてもスワミベルトで通しているのは、ハーネスを使う必要に迫られないからだ。

一般的には、スワミベルトは登攀に使用できないといわれている。

「スワミベルト」
マウンテンダックス

しかしこれはＰＬ（製造物責任）法が制定されてからのメーカーの便法で、たとえば「テントの中でコンロを使ってはならない」というのと同じである。それは、正確には、説明書以外の使用法で事故があっても当社は責任をもちませんよ、ということだ。でなければ冬山登山者は窮地に陥る。まさか厳冬の山で、テントの外で炊事をする登山者などいるものか。つまりは自己責任でいいのである。

奥利根や下田《しただ》・川内《かわち》山塊の難しい渓も遡行したが、ハーネスで突破した記憶がないのに、いまだに私が無傷で生きているのは、スワミベルトで充分だったからというにほかならない。私が唯一、ハーネスを使用したのは、剱沢大滝で、あれは遡行ではなく、完全に登攀の領域だった。

別にスワミベルトを薦めているのではない。自己責任を前提にして工夫を凝らせば、大方の渓はスワミベルトで遡行できるということだ。理由は簡単で、それぞれの道具の適性と限界を知ればいい。すなわち無理をしないことで、スワミベルトの可能領域を超えると思ったら、さっさと逃げ帰ればいいのである。

ちなみに、写真のヌンチャクの片方のカラビナがないのは意図的で、使うときに装着することにしている。

釣りの最中もスワミベルトを装着しているのはいつでも有事に備えるためだ

12 スリング

スリングの用途

スリングは最低でも長・中・短の3本持つことに決めている。短と中は支点を取る用途とは別に自己脱出にも使えるし、長はビレイポイントが遠いときに重宝する。クライミングをするときや滝の登攀を狙うときなどはこの限りではなく、いわゆる「ガチャ」と呼ぶ登攀具のあれこれを持つが、遡行をするためのスリングなら3本もあれば事足りる。まして単独行というのはあまりやらず、メンバーが3人いれば9本のスリングがあるのだから、ワンポイントの登攀に不自由することはない。

問題はスリングの結び方で、テープスリングなら迷わずテープ結びにするのだが、使いやすいテープスリングが出回っていない時分、6㎜のスリングをフィッシャーマンで結んだ。これは一重結びで、二重結びなら堅固なダブルフィッシャーマンになる。

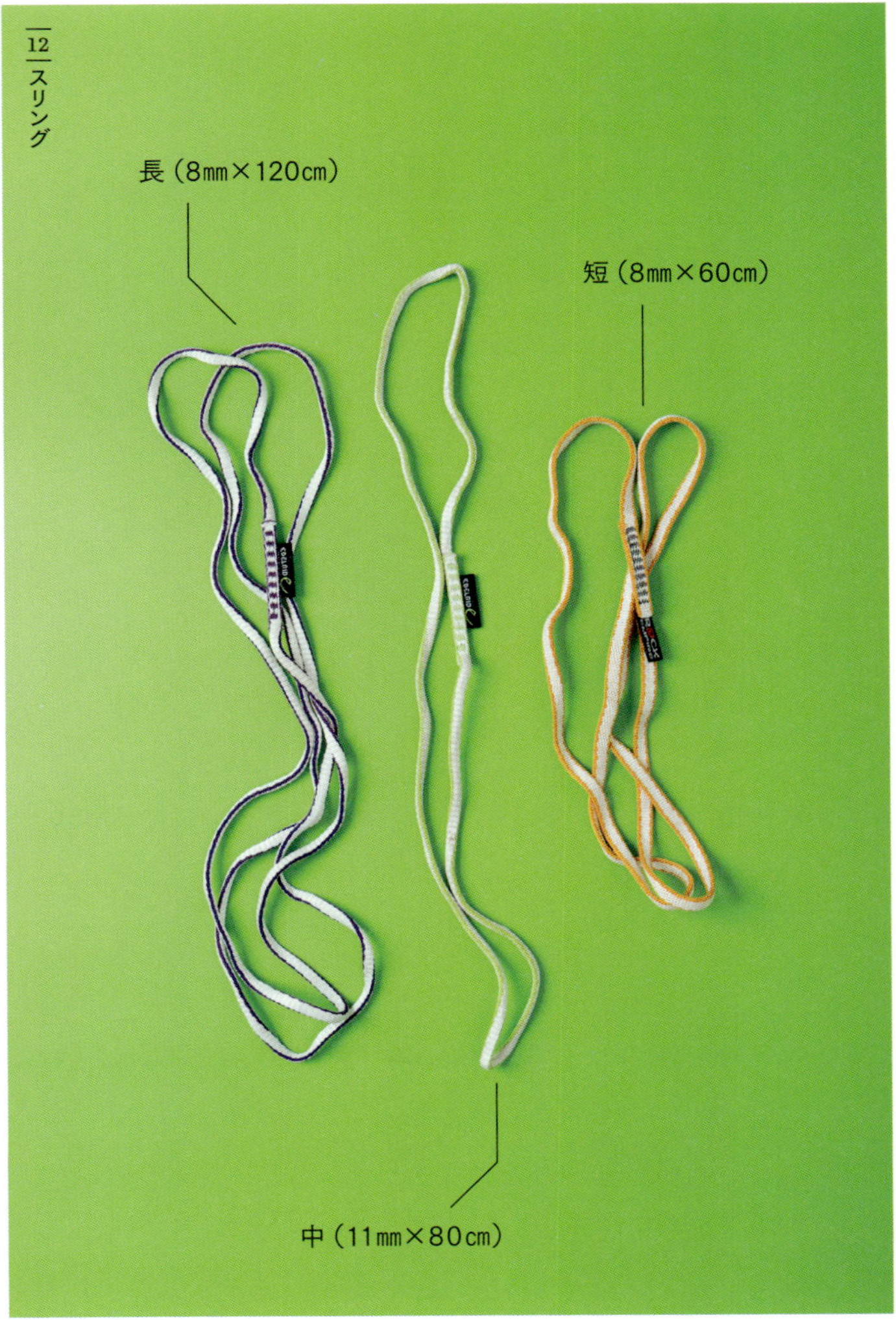
長（8㎜×120㎝）
短（8㎜×60㎝）
中（11㎜×80㎝）

奥利根本流を下降していたとき、もろい雪渓の崩壊を嫌って斜面を高巻き、懸垂下降をした。立ち木にスリングをセットしてダブルのロープを雪渓に放り、トップで下りたのだが、途中で空中に投げ出され、気づいたとき、私は岩壁と雪渓に挟まれていた。大事には至らなかったが、胸を強打して、しばらく痛みが引かなかった。原因は立ち木に結わえたスリングが解けたからだ。自分のスリングを自分で結わえたのだから、誰にも文句を言える筋合いではない。この結び方がシングルのフィッシャーマンだった。下り始めてしまえば一切の抵抗を許さない懸垂下降は、最も危険な登攀技術である。以来私は神経質なほど支点とスリングをチェックする。

最近は、写真にあるような市販品を使うようになった。自分で結ぶより高くつくが信頼性は高いらしく、安全が金で買えると思えば安いものだろう。

しかしスリングが本来の用途で活躍することはあまりない。ただ、それ以外でなら際立った活躍を見せる。焚き火に用いる薪の運搬である。長いほうが使いやすいが、それでも短ければ何本かつないで輪を作り、薪を結わえて泊まり場まで運ぶのである。登攀で使おうと取り出したとき、泥にまみれているのが悲しいが、その汚れが渓で役立っていることの証である。

スリングで薪を集めたら、太さごとにそろえて、焚き火の準備をする

13 ロープ

メインとサブを使い分け

渓谷から頂へ、を標榜する沢登りは登山の総合力を必要とする遊びだ、と言い続けてきた。それは、沢登りが道を外れる行為にほかならないからだ。加えて言うなら、日帰りをさておけば、生活のすべてを渓に持ち込む楽しさと難しさがある。

今や、道なき山稜や不遇な山域でもなければ、自由にテントを張れる山が失われつつある。テント場がなくなれば、営業小屋に泊まらざるを得なくなる。それは登山者にとって、山を見る目を養えなくなるということだ。

若いころは力任せだった。テントを背負い、重い食料を背負って山稜を駆けた。それは道のある山だからこそ可能だったのだ。道を外れてしまえば、どこに進路を求め、どこに泊まるかは、すべて自分の判断になる。その目を養うためには、力任せはむしろ邪魔だった。

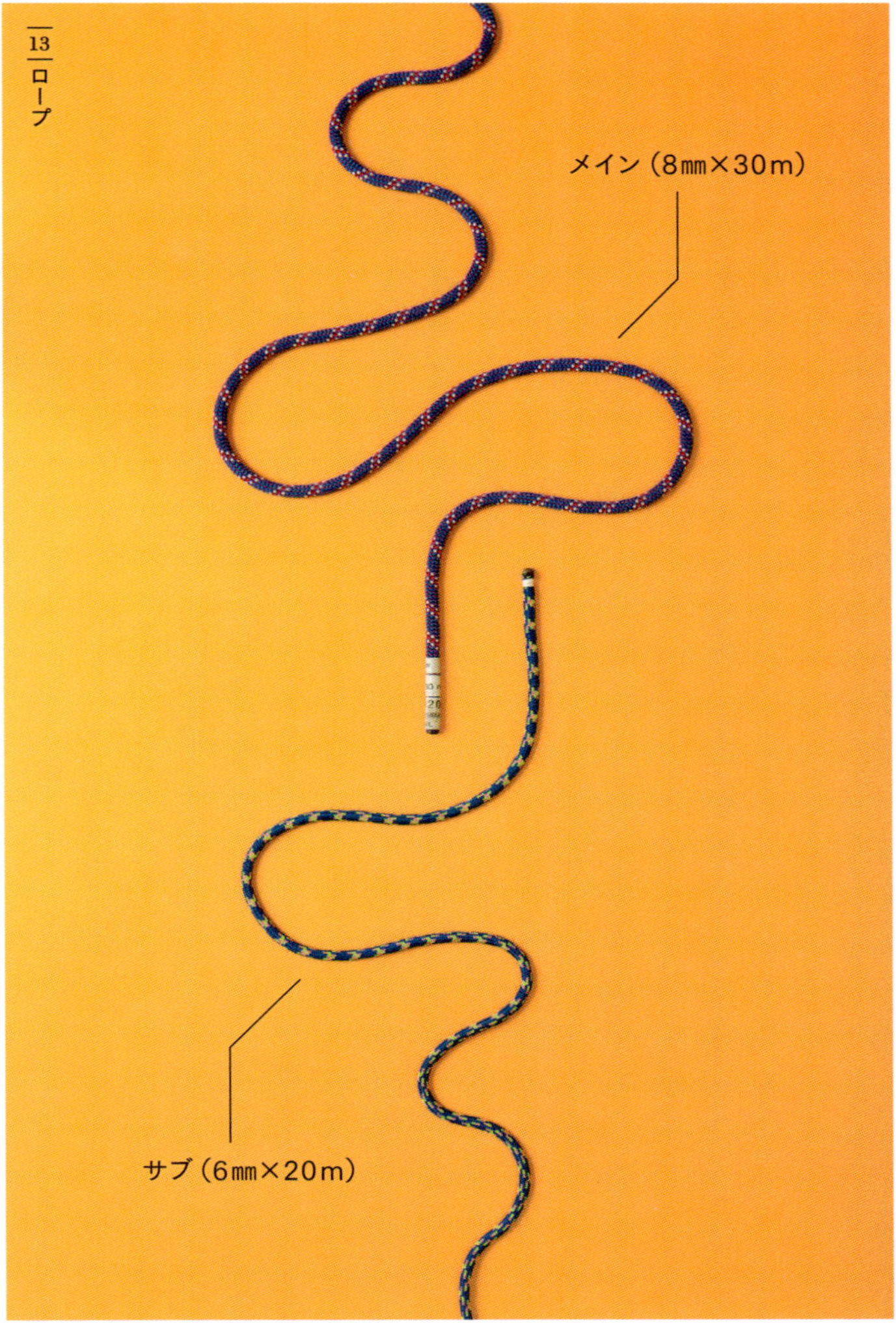
メイン（8㎜×30m）
サブ（6㎜×20m）

たとえば、渓の華といわれる滝を登るためにはロープが必要だ。渓を活動のメインに据えたころで、私たちを含めた大方がオールラウンドを標榜する山岳会であってみれば、時折行なうクライミングの、11㎜を主体とする重いロープを、そのまま渓に持ち込むことに疑念を覚えなかった。時代とともに11㎜のロープは9㎜になったが、私たちはなんの疑いもなく、9㎜×45mの2本のロープを、せっせとザックに詰めたのである。

その重さを、今にして思い知る。それはロープの安全基準を無条件に信じたからでもある。安全基準を確実に満たしたロープでなければ危険であり、使ってはならないと思ったのだ。沢登りが総合力なら、すべてのことが効率的に勘案されていいはずで、ロープの重さを減らせば、さまざまな余裕が生まれるのをようやく悟った。クライミングと遡行は違う。登り方とロープの使い方を間違えなければ、認定品でなくても充分遡行に耐える。いつしか、ここぞというときのロープを8㎜にし、手軽に出しやすい6㎜ロープをサブ（補助用）として頻繁に用いるようになった。

それですべての渓を遡ろうというのではない。渓の難易に応じてロープを自在に操ればいいのである。

険谷では、泳ぎを拒絶していては始まらない。泳いで登って後続を引く

14 お助けひも

ワンポイントで活躍

渓のワンポイントで活躍するのが「お助けひも」だ。私は、このお助けひもを自分たちの命名であると長く信じていたが、どうやらそうではないらしい。すなわちワンポイントの救済だからお助けなので、誰もが思いつきそうな普遍的な名前だということだ。

これと同じケースに「ラッコ泳ぎ」がある。これは、開発当時からの歴史を述べて解説したのだが――ほかも同じように「ラッコ泳ぎって呼んでます」と言われて唖然とした。つまりは同じ時代の沢屋さんたちが、同じような遡行形態の途上で、誰ともなく呼びならわした名称なのだろう。

さて、お助けひもだ。たとえば釜のある3〜4mの滝をセカンドが登ってくるとき、トップの私は求めに応じて、お助けひもを出す。ロープは常に張っておく。セ

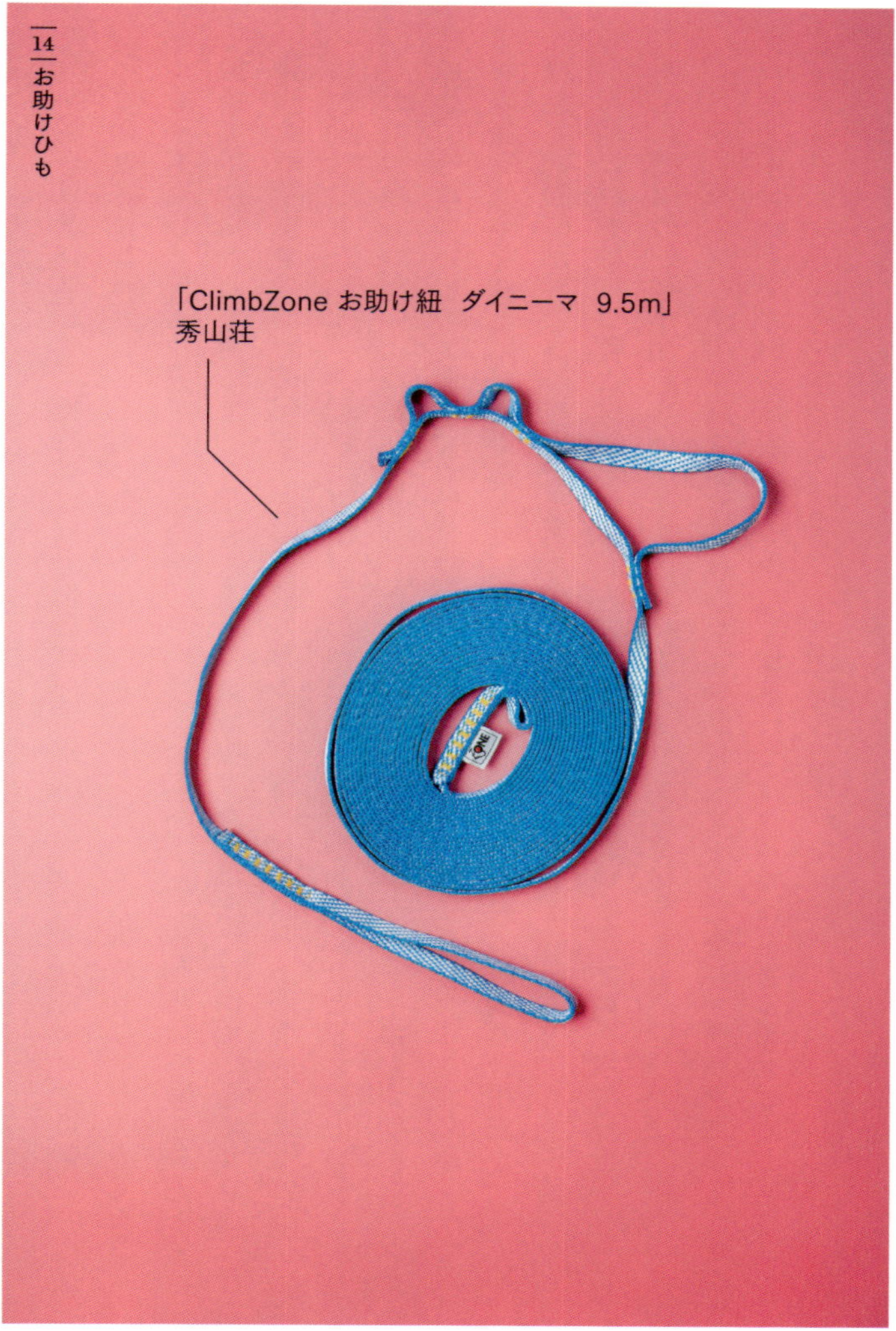

「ClimbZone お助け紐　ダイニーマ　9.5m」
秀山荘

カンドがスリップして、瞬時にこれを止めれば、墜落距離は限りなくゼロに近い。

このとき私はセカンドを引っ張り上げようとせず、滝の烈しい流れに晒《さら》しておくつもりもない。体勢を立て直せるなら、そのままで待ち、それが無理ならロープを緩めて釜に落としてやるまでだ。もちろん、気の抜けない場所では信頼できるビレイ点を取り、ロープで確保をするが、落差の少ない滝の、その一歩が怖いときなどにお助けひもを出す。無理に引き上げるのではなく、精神的補助だと思えばいい。

お助けひもはそのようにして使う。だから、あくまでワンポイントにしか使えないし、それでいいのである。お助けひもの活用は、そのたびに長いロープでの確実な確保を強いられる煩雑さから免れ、遡行時間の短縮が得られる有効な技術だが、経験と信頼が必要な高等技術でもある。

お助けひもは常に腰に付けている。滝の落差が増せば6㎜のサブロープに替え、そこに墜落の危険が加われば、さらに8㎜のメインロープに替える。

だからロープの使用頻度は、お助けひも、補助ロープの順になり、ザックにしまったメインロープの出番は限りなく少なくなる。この3種のロープのコンビネーションが、私の渓の遡行を快適にしているのは疑いようがない。

川内、早出川夕沢の滝を登る。腰のロープが限りない安心感を与えてくれる

15 クマ鈴

クマとの格闘からの教訓

奥秩父の山小屋を訪ねたとき、若い小屋主の青年が、微かに眉をひそめた。ここまで来て鈴を鳴らさなくてもいいではないか、という表情だった。

そのとき私はザックにクマよけの鈴を付けていた。

彼の気持ちはよくわかった。私も鈴を鳴らして歩くのは嫌いなのである。それは、人目も憚らず、大音量のラジオを腰に下げて歩く登山者となんら変わらない。奥秩父の幽玄の森を歩く風情ではなかった。

しかし私には、鈴を鳴らして歩かねばならない緊迫した事情があった。

一年前、東北の渓でクマと格闘したのである。その恐怖が、鈴を手放すことを許さなかった。

雨のそぼ降る夕暮れの林道で仔連れのクマと出会った。クマなど怖れるに足らず、

15

クマ鈴

と豪語していた私に、クマは容赦なく襲いかかった。

かろうじて攻撃をかわし、体勢を立て直した私の前にクマの横腹があった。その腹を蹴飛ばして事なきを得た記憶が鮮明である。

クマを恐れて、しばらく鈴を付けて山を歩いた私だが、いつしか雨蓋にしまったままになった。喉元を過ぎた熱さに等しく、クマが怖くて山が歩けるか、という不敵な思いが蘇ったのだ。

それでも、いざという場合に備えて鈴は持ち歩いた。

福島の会津の知人の家に立ち寄ったとき、おもしろい話を聞いた。鈴や笛よりも、もっといいものがあるというのだ。

それは百円ショップで買った、大きな音の出るおもちゃのピストルである。本体が100円で、8連発の弾が12個セットで別売りされている。もちろん、それも100円。クマの気配を感じたら、これをぶっ放すのだという。目から鱗であった。

さっそく手に入れた百円ショップのおもちゃのピストルは、私にとって鬼に金棒ならぬ、クマにピストルになったのである。

100円のおもちゃのピストルでも、かなり大きな音が出る。バン!

16 サンダル

渓のトイレの友

行動を終えたくつろぎのひととき、以前は仲間たちが取り出す足まわりの多くがスニーカーだった。それもきちんと履くのではなく、踵を潰して履く。ならばスニーカーでなくてもいいではないかと思うのだが、おそらく遡行後の稜線歩きのことを考えてスニーカーにしていたに違いない。

遡行を活動の主軸に据えたときから、幕場の履き物をサンダルにしたのは、私の先見の明だと思っている。

遡行であれ稜線歩きであれ、すべてを渓流足袋（P14）で通すのが私の主義だ。もちろん、ものぐさだから、というのが最大の理由だが、渓流足袋だけなら替えのスニーカーも要らないし、高価なウールフェルトの沢靴と違って、底のフェルトの減りを気にすることもない。まして渓流足袋は、ぬかるんだ登山道でもお構いなし

で、便利このうえない。たまに登山者から、「あらあら、変わったものを履いているのねえ」と珍しがられるが、それはむしろ勲章である。

かくして焚き火の傍らには、いつもサンダルが置かれている。ビーチサンダルも悪くはないのだが、だいたい夜はいつも酔っていて鼻緒を探し当てるのに苦労するし、すぐには足の指が入らず、イライラするから使わない。

幕場の履き物の要諦は軽さと耐水性であろう。その点、ゴム製のサンダルは、耐水性において申し分ない。ひところは「ベンサン」と呼ぶサンダルが全盛だった。ベンサンは便所サンダルの略である。しかし、あれはやたらに重いのだ。もちろん、背負うことを想定していないのだからベンサンに罪はない。

近年、安くて軽いサンダルが出回るようになったのは、遡行者にとって福音であろう。写真は私の愛用品だが、このサンダルは、素材がゴムの軽量加工で滑らない。ゴム製のサンダルが秀逸なのは、岩に乗っても滑らないことだ。だから飛び石伝いに浅瀬を渡り、対岸でトイレをするときでも靴に履き替えなくて済む。スニーカーが沢で使えない大きな理由がそこにある。そういうスニーカーなんぞを持ってくるやつに限って、勝手に私のサンダルを履いてトイレに行くのである。

テント場での麺づくり。傍らにはいつもサンダルが置いてある

17　シュラフ

シュラフでぬくぬく

無雪期は沢登りを活動の中心にするのだと決めたとき、重たいシュラフもやめてシュラフカバーだけにした。しかし、こんな日こそ沢登りだ！という暑い日は、シーズンでもそんなに多くはない。

標高にもよるのだが、渓の夜は相応に冷える。まして初期のころは焚き火も戯れにしかやらず、食事が済めば酒を呑んでタープの下で寝転がるだけだった。しかし、酒が抜ける深夜から明け方までが寒いのだ。言い出したからには後には引けず、歯を鳴らしながら朝を待った夜の、なんと多かったことか。もちろん、誰かにピッタリくっつく手はあった。だが男では気色が悪く、女では誤解を生む。若いからこそ耐えられたヤセ我慢であった。

あるとき若手のひとりがインナーシュラフを持ってきた。それは掟破りだろうと

「ウルトラライトダウンハガー#7」
モンベル
mont-bell

言うと、「だってこんなに軽くて小さいんですよ」と私に持たせた。

確かに軽いのだ。大きめのシュラフカバーと遜色ないくらい軽い。私は言葉に窮した。反論の余地がないのである。それほど登山用具が軽量小型になっていることを、私はインナーシュラフで知ったのだ。それ以来、迷うことなく、私たちは堂々と小さなシュラフを持つようになった。

それからシュラフカバーも小さくなり、今ではインナーシュラフとの併用が定番になっている。私のシュラフは3種類。イスカの羽毛の多いのが冬用で、モンベルの#3が春用、#7を渓用と決めている。そのパターンで充分に快適なのだが、ただ焚き火のそばのゴロ寝が日常になると、困ることが起きる。焚き火で焦がすのだ。

夏はいいのである。暑くてシュラフを蹴飛ばして寝ているときさえある。しかし、深々《しんしん》と冷える秋の夜などは、ついつい焚き火に寄り添ってしまう。始末の悪いことに酔っているから、焚き火の上に足が乗ってもなかなか気づかない。大声を上げて叫んだときには後の祭りで、朦々と舞う羽毛のなかで呆然としているのである。今までに3個は間違いなく焦がしたが、それでも無傷で済んでいるのは不思議としか言いようがない。

焚き火のそばで眠るのは快適だが、気を抜くと焚き火でシュラフを焦がす

18 ダウンジャケット&パンツ

夏でも持っていきます

今でもそうかは知らないけれど、防寒着といえばフリースだった。しかし私はフリースが嫌いである。なぜかはわからないが、おそらくかさ張るからだろうと思う。

私は「パッキングの魔術師」と言われてきた。さほどではない装備や食料の数々を、さも重そうにザックに満載して見せる名人だからだ。リーダーとして采配を振るっている私が早々とパッキングを済ませ、余分な荷物が入る場所などないかのごとき態度で悠然と構えていれば、これもお願いします、とは言いにくい。

意図してやったことではない。必死になって荷物を詰めた結果がそうなったにすぎない。私も叶うかぎりは背負いたいのだ。だからフリースのようなかさ張る荷物は、極力避けたかった。

フリースの代用を探し求めた結果がダウンジャケットである。それまでダウンジ

「U.L. ダウンジャケット」
「U.L. ダウンパンツ」
モンベル

ャケットは積雪期登山のための欠かせない装備だった。それがダウンの性能向上と軽量化によって、積雪期以外でも気軽に使われるようになった。フリースの半分程度の容量のダウンジャケットは、春や秋の冷える季節の渓では誠にありがたかった。

しかしまさか、「ダウンジャケットとダウンのズボンのセットで眠る」と豪語する女性が現われるとは思わなかった。その代わり、シュラフを待たないのである。ヨタヨタとしか歩けず、重荷も背負えないくせに、酒がなければ一晩だって過ごせないその人が編み出した究極の作戦だった。

考えてみれば、ダウンの上下ならシュラフ代わりには充分なり得るから理にはかなうのである。それに暖かい焚き火があれば、それほど寒くはならない。だが軽くなった分、酒を持つかといえばそうではなく、軽ければ重荷に苛まれず渓を楽しめるではないか、と当然のように彼女は言い放ったのだ。

春と秋専用だったダウンジャケットも、いつの間にか夏でも持つようになった。爺になったせいもあるが、夏が好きで寒さに弱い私にとって、ダウンジャケットは必携装備の最右翼である。しかし、ダウンのズボンは基本的に渓には持ち込まない。これでもまだ、少しは見栄が残っているのである。

ダウンジャケットを着て、焚き火の炎を見つめる渓の夜

19 マット

たかがマット、されどマット

断っておくが、写真のマットは現役で使っているものではない。言うならば退役軍人である。これ以上使うと、さすがに顰蹙《ひんしゅく》を買うだろう。おそらく厚さは5㎜もないと思うが、新品のときは1㎝近くの厚みがあったはずだ。

このマットをザックのサイドに付けている登山者を時折見かけると、わかるやつはわかっているな、とうれしくなる。しかし、丸めてザックに付けると、これはたいそうかさ張る。私はこのマットを買うと、4つに折って重しを載せる。折り目をつけるのだ。そうしておいて、ザックの背当てに収納するのである。

ゴム製のエアマットを知っているのは、かなり古い登山者だと思う。空気を均一にするために、ゴムを圧着して空気室を蒲鉾のように並べてあった。その圧着がひとつでも劣化ではじけると、連鎖反応のようにプチプチとはじけ飛び、空気室がど

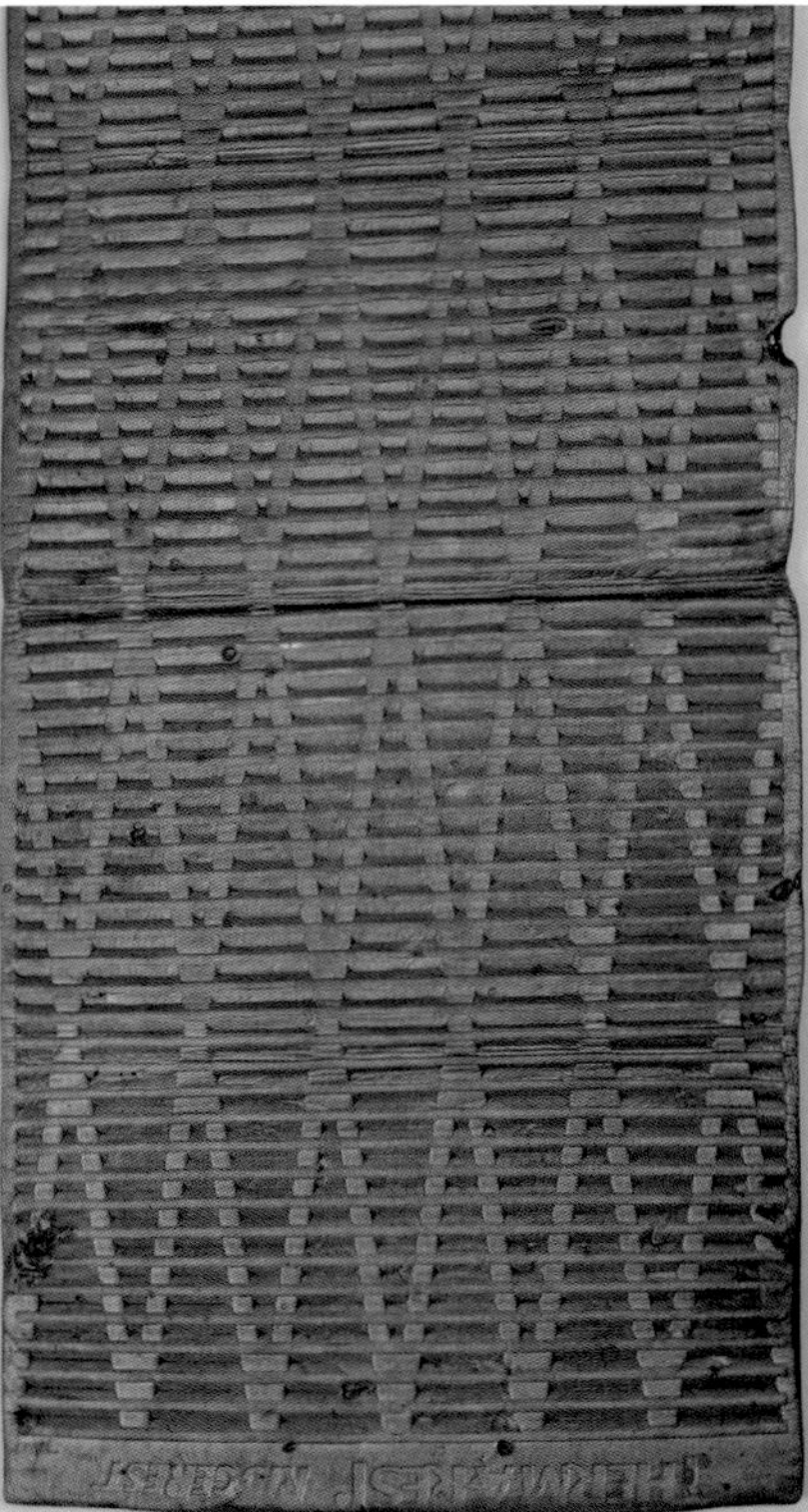

「リッジレスト ソーライト」
サーマレスト

んどん巨大になっていって、もはや捨てるしかなかった。

現在のエアマットからは想像もできない代物であった。

それがスマートなエアマットになったとき、当然のように私も買い求めた。しかし、焚き火のそばで使ったのが不運だった。穴の開いたエアマットほど悲惨なものはない。空気を蓄えず遮断もしないエアマットなど、なんの役にも立ちはしない。

そこで考えたのがお風呂マットの活用であった。これはなかなかのアイデアで使えたが、お湯を通すための溝があって、その分だけ厚みが増す。

けれど天はわれを見捨てなかった。まさに私たちのためにあるかのような素材を見つけたのである。それが台所マットだった。幅は肩幅以上あり、長さも充分だったから、適当に切りそろえて折って使った。値段だって安い。500円もあれば買えたのだ。それが店頭から消えたのはなぜなのだろう。やむなく使い始めたのが写真のマットである。

見かけはボロいが、こいつの断熱効果は保証していい。折り紙は私が付ける。その証拠に、私は冬でもこれを手放さない。おかげでテントの中ではエアマットの放列に挟まれて、私ひとりが一段低いマットで眠ることになる。むろん安眠である。

焚き火と私の特等席。マットに座ったままで、すべてのものに手が届く

20 ヘッドライト

予備の予備

登山を始めたころは、ナショナルのヘッドライトを使った。単一電池が4本入った容器を腰のベルトに付け、そこからコードが頭のライトに延びているゴツいやつで、それが主流であった。昔の炭鉱労働者のそれとまったく同じものである。

数年して、ワンダーのヘッドライトが出た。専用の小さな弁当箱状の電池で持ちがよく、人気を博してマイナーチェンジを重ねたが、これもやがて姿を消し、小型になったナショナルの製品が市場に出て、多くの登山者に使われるようになった。

あとはひたすら小型化が進み、電池とライトが一体になって歳月が流れる。それがLEDに替わるまでの、「ヘッデン」とも呼ばれるヘッドライトの歴史である。

私は几帳面だとされるA型人間だが、非常に斑《むら》がある。いやに細かいかと思えば、極めて大雑把なところもある。その典型が渓の夜だ。幕場に着いたら、すべてを乱

mont·bell

雑に放り出して宴会を始める。もちろん、タープを張って、薪を集めたあとのことだ。あるべきものをあるべき場所にしまい、手を伸ばせば届く所に置いておく、などという、遡行者の鑑のような整理整頓はしたことがない。だからいつも、蝋燭《ろうそく》が燃え尽き、焚き火の熾《おき》が微かにともる深夜になって、激しく後悔する。

真の闇は漆黒である。手のひらを翳《かざ》しても、なにひとつ見えない。たとえばそれは、トイレに行くためのサンダルであったり、焚き火の灰をかぶった酒の器であったりするが、ポケットにライターもなく、首から下げていたはずのヘッドライトまで放り出してしまっていれば絶望的である。

私は、山行前にヘッドライトの電池の残量を調べたことがない。ヤバいかもな、と思うだけである。その結末は多くの場合、最悪のシチュエーションになる。これが寝静まった深夜だとすれば、仲間を起こすのも気の毒だ。電池を交換するには、手元を照らす、別のライトが必要になる。

写真のライトの真ん中は3・11の騒動で市場に出回ったもので、いわば手元用である。その上のボタンライトは、常に手首に付けて、「3・11」を探すための予備だ。情けないことだと、私は渓の夜を迎えるたびに思うのである。

漆黒の闇では、焚き火とヘッドライトだけが灯りとなる

21 携行医薬品

万が一のために

今では見る影もないが、力のある会員が多くいて、山岳会が活発に活動していた当時、私はマニュアル人間であった。有事に際しての連絡体制や出動方法、後方支援と対策金の管理。遭難救助のためのあれやこれや。

それらを一冊にまとめて会員に配った。その一方で、マニュアルに頼ってはならない、とも伝えた。マニュアルは物事の進行が破綻しないためのガイドラインだが、反面、マニュアルは携わる者たちの創造力を奪うのである。

マニュアルを作ったからといって安心してはならない。マニュアルに使われるのではなく使うのだ。常に緊張感に支えられていなければ、マニュアルに安住してしまう。それが怖かった。

女性会員に高校の養護教員がいて、医薬品の作成と管理を任せたのも、そのころ

21 携行医薬品

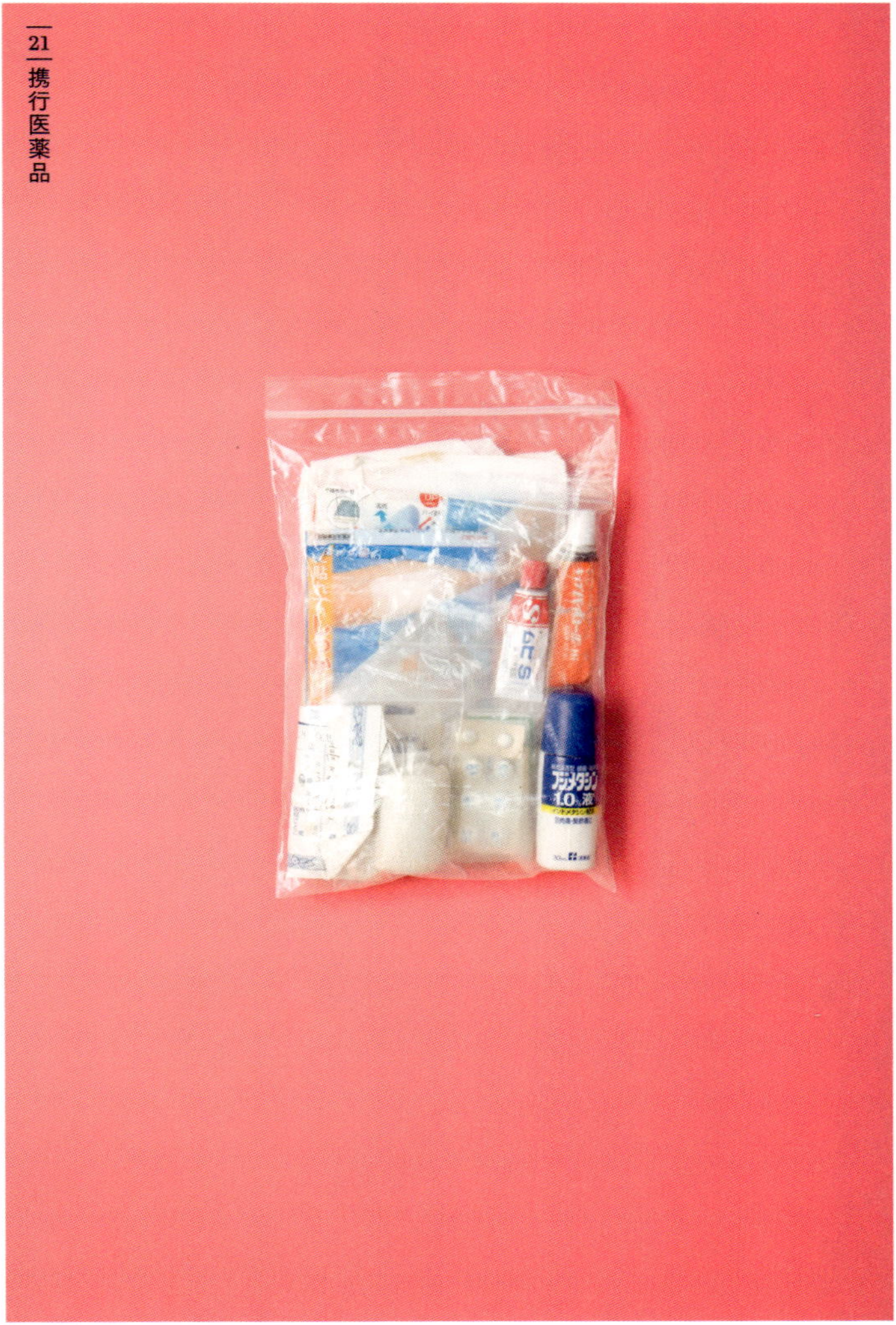

のことだった。医薬品は共同装備にしていて、同時に山行するパーティの数だけそろえねばならない。その会員に必要な医薬品のリストを作らせ、服用方法と薬に応じた有効期限を記した紙を、薬品ケースに入れさせたものだ。

山岳会の誇るべき活動の証ともいえた薬品ケースは、どこへ行ってしまったのだろうと、個人用の携行医薬品を見るたびに、あらためて思う。いつしかマニュアルも資料の奥に埋もれ、共同の医薬品リストも失われたままだ。医薬品もまた、組織の命運とともに姿を消したのである。

現在は、少ないメンバー各自が必要最低限の薬品を携行するようになった。

しかし、持病薬は別である。

この携行医薬品はすべて、万が一に備えての薬で、必要な場合に取り出せばいい類のものだからだ。つまりはザックの奥にしまっておいて差し支えないが、悲しいかな持病薬は毎日欠かさず服用しなければならない。人は日々老いてゆき、やがて終末を迎えるが、しかし渓は昔日のまま変わらない。移ろうものは、移ろわぬものの存在によって自身の退行を知るだろう。

そして私は、医薬品に頼らず、持病薬に縋って渓に分け入るのである。

医薬品袋の中身

外傷用軟膏

この手のものは、チューブが破れやすく苦労する。本人は火傷用のつもりである

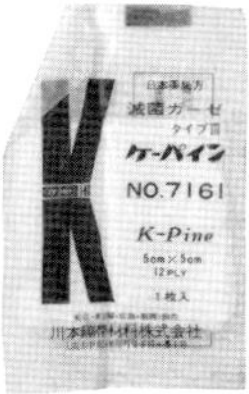

ガーゼ

滅菌されたもの。小さなケガなら防水パッドにしてしまうから、あまり出番がない

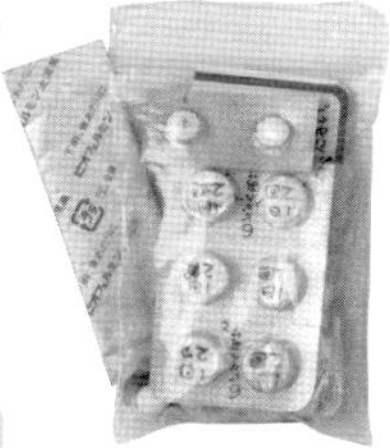

鎮痛剤・抗生物質・下痢止めなど

ケガの化膿を考えれば抗生物質は必要。これに下痢止めや鎮痛剤が入っているのは気休めに近い

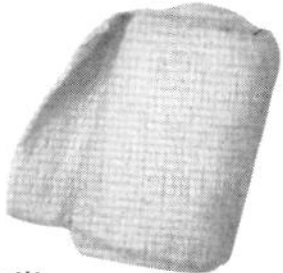

包帯

これも出番が少ない品。一応伸縮性がある。重いものではないので、出番があるまで袋の隅で待機しているだろう

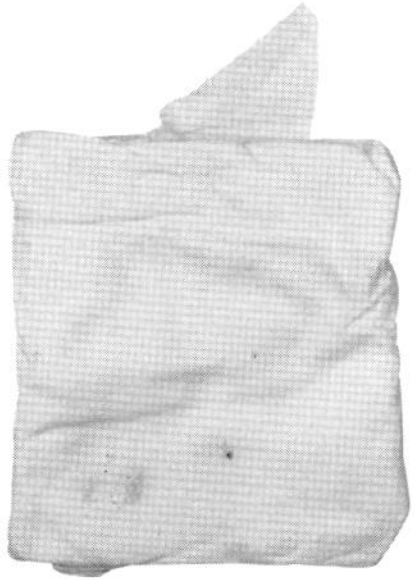

三角布

これがいちばん活躍しそうだが、使い方を習ってもすぐに忘れてしまうから、痛し痒しなのである。でも、あれば妙に安心するのが三角布の最大の効果かも

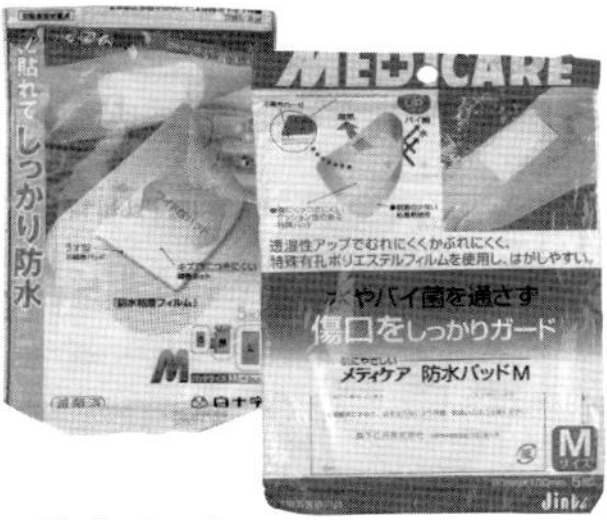

防水パッド

ケガの友である。これをしたまま水に入れるのが売り。かなりの優れものといえるだろう。安くはないが何枚か忍ばせておけば安心する

22 圧縮袋と着替え

私は着替え派

遡行者には着替え派と着干し派がいる。どちらが多いかと聞かれても一概には答えられないが、着替え派なのではあるまいか。

泳ぎを強いられるような攻撃的な渓を好む遡行者に、着干し派が多いように思う。濡れることを前提にしているなら着替え派になりそうなものだが、たとえ防水をしていても、水に濡れたザックは重くなる。少しでも軽くして渓を遡行しようと思えば着替えの衣服も減らしたくなる。

私が着替え派なのは、幕場に着いて乾いた衣服に着替えたときの解放感がたまらなく好きだからだ。それに、渓の夜の着替えの衣服は、そのまま帰りの服装になる。

最近は車での山行が増えたが、以前は電車山行一辺倒だった。まだ夜行列車が走っていたからだ。帰りの電車でモンペにザックというのは恥ずかしいが、開き直れ

22 圧縮袋と着替え

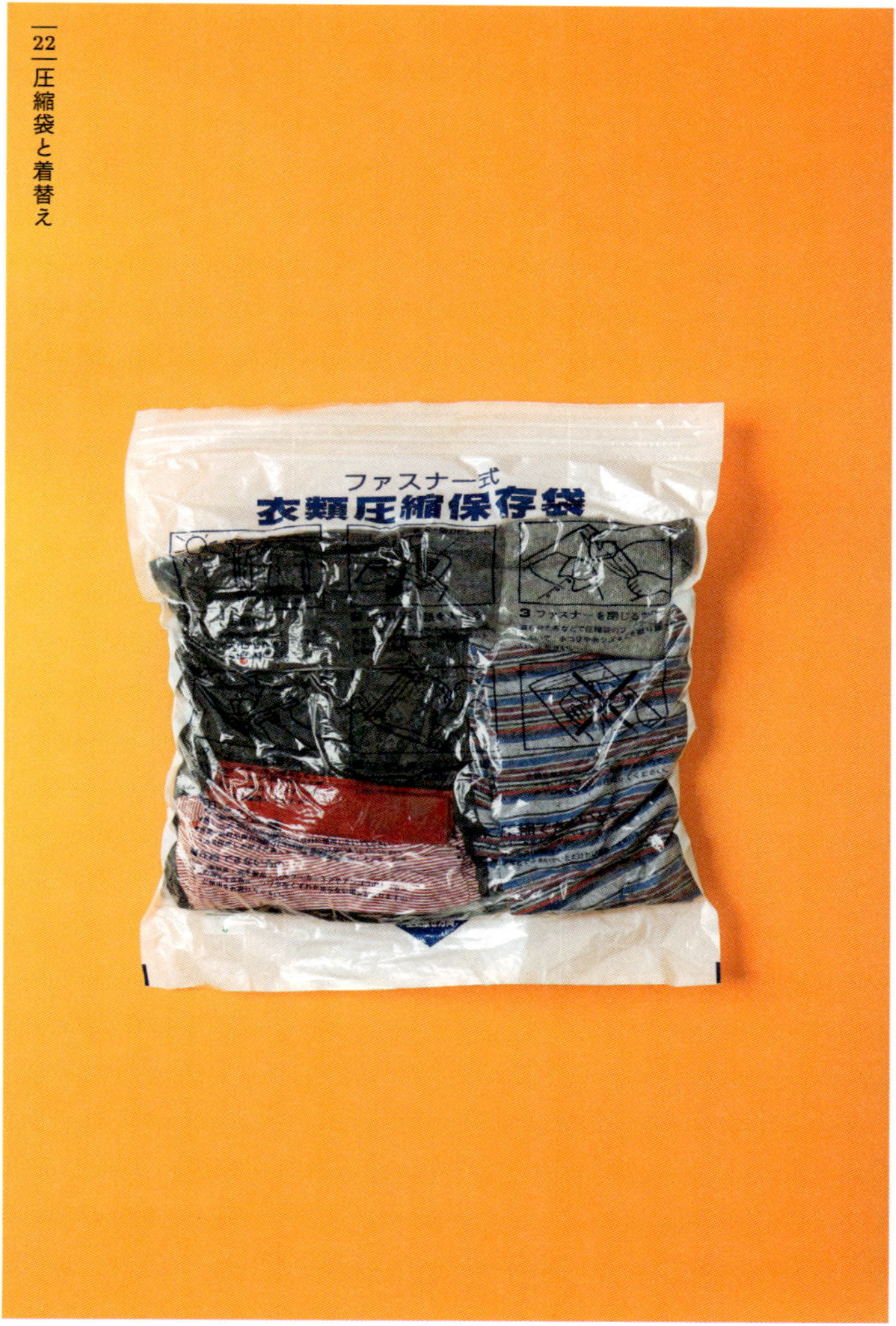

ばなにほどのこともない。焚き火の香りが車内に漂うにしても、汚れ物はザックの中だから、汗臭さは微塵もない。つまり、着干し派が帰路のために持つ着替えを、私は渓の夜の着替えで代用しているのである。

着替えたからといって、濡れたものは容易に乾かない。焚き火の上や幕場に張ったひもで乾かすが、朝になっても乾かないことがしばしばだ。冷える季節の渓の早朝、生乾きの行動着に着替えるつらさは経験した者でなくてはわかるまい。

そんなときの離れ業がある。焚き火を最後まで絶やさず、そのうえでパンツをかざして温め、冷めぬ間に素早くはき替えるのである。シャツもズボンも靴下も同じ要領で、はいてしまえばこっちのものだ。

この技は、意外に知られていないように思う。だが、女性にこれをやれというのは気の毒だ。でも、女性同士のパーティならアリ、ではないか。だから私は、そろそろ準備だよ、という頃合いになっても焚き火を消さないのである。

袋は市販の衣類の圧縮袋で、空気を抜いてザックの底にしまう。これは穴が開きやすいから小まめに替える。ただし百円ショップの圧縮袋は薦められない。チャックの開け口が狭い上にチャック自体が硬化して閉めにくいのだ。

圧縮袋の中身

ウール アンダータイツ

これは寒い季節用。いわゆる股引で、冬山用に買ったもの。私は街でも防寒訓練と称して股引ははかないが、あと何年、はかないでいられるだろう

ウールシャツ

着替えだから長袖にしている。それでは寒いでしょうと言われるが、これにダウンジャケットを着て焚き火の前で寝そべれば快適そのものだ

くつ下

これはちょっと薄手だが、もう少し厚手のものが好ましい。たかが靴下だが、頭寒足熱の原則を思えば、重要なアイテムだといえる

パンツ

パンツは語れば長い歴史がある。私は公私ともにトランクス派だが、それはどうでもいいか

モンペ

夏はパンツにモンペだけになる。ウエストも足首もゴムだから、ゆったりしていて、はき心地、使い勝手ともに申し分ない。国産の久留米絣というところに私のこだわりがある

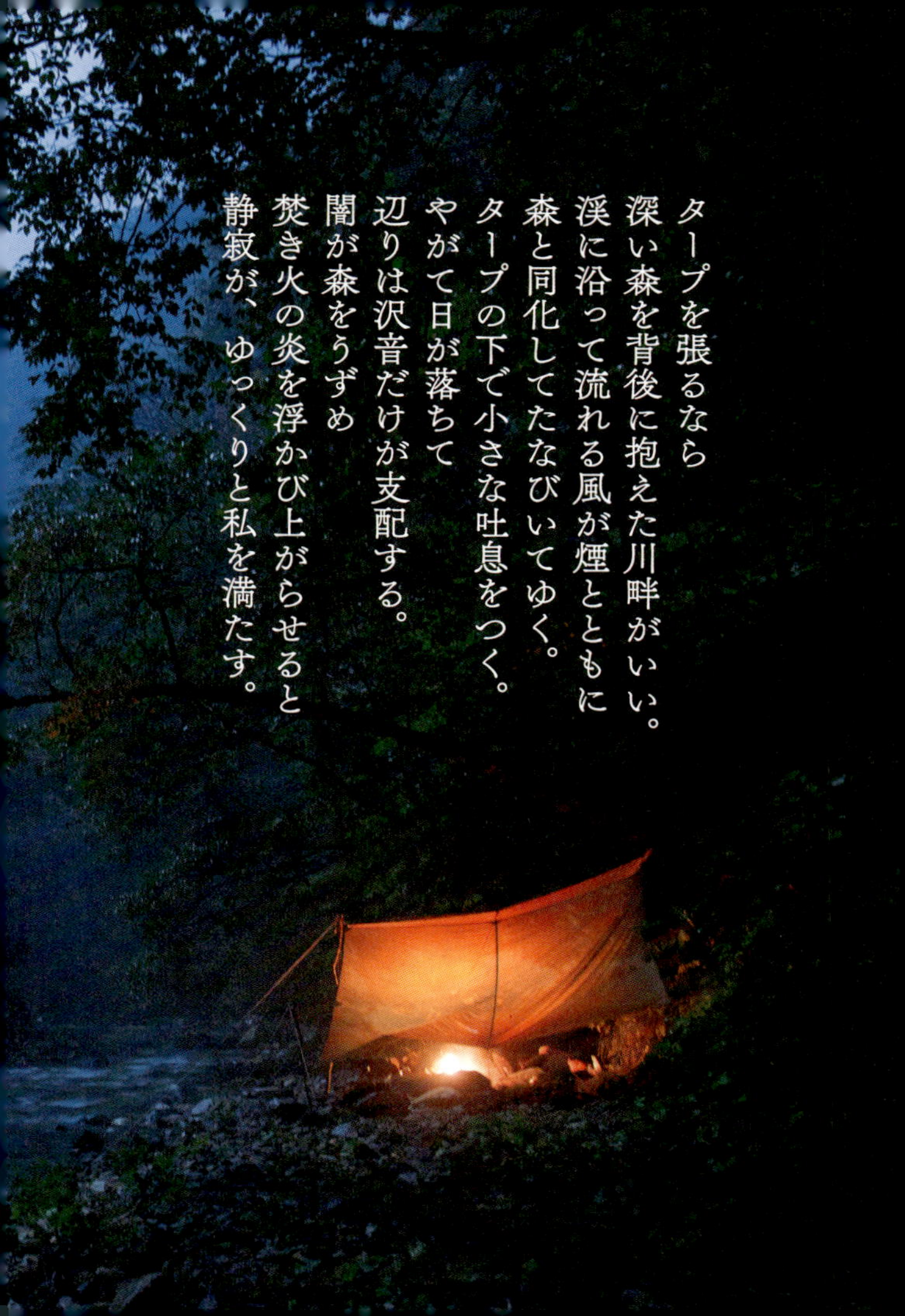

タープを張るなら
深い森を背後に抱えた川畔がいい。
渓に沿って流れる風が煙とともに
森と同化してたなびいてゆく。
タープの下で小さな吐息をつく。
やがて日が落ちて
辺りは沢音だけが支配する。
闇が森をうずめ
焚き火の炎を浮かび上がらせると
静寂が、ゆっくりと私を満たす。

2章

タープを張り、火を熾す

23　タープ

渓と森に同化する

快適だが、重量とかさのあるテントに替えて使い始めたのが、ツエルト用のフライシートである。むろんツエルト本体に用はない。

今では握りこぶしほどの大きさになって、山行の危難に対処すべくザックの片隅に収まっているツエルトだが、少し前までは現在の2人用テントに匹敵する容量があった。それでもテントよりはるかに軽いが、テントにせよツエルトにせよ、悪天を思えば欠かすことのできない装備であった。

その厄介な渓の宿を、もっと軽快にできないものかと考えて行き着いたのが、ツエルト用として売られていたフライシートの活用である。フライシートだけならポールは要らず、ツエルト本体も不要で、その分だけ軽量化が図れる。別に快適な密閉空間が欲しいのではなく、雨がしのげればそれでよかった。

初めてフライシートで夜を過ごしたのは、奥秩父の渓でのことである。5月の末で、無雪期はすべてシュラフカバーだけで過ごすのだと息巻いていた若いころだったが、寒さに震えて眠れなかった夜を、今でも鮮明に覚えている。ツエルト用のフライシートは私の渓の原点である。焚き火の常用など思いもよらず、ただただ軽量化という必要に迫られての産物であった。雨が降ろうが降るまいが、夜ごとフライシートの下で震えて眠った。ポールの代わりに用いたのは樹の枝に張った6㎜の補助ロープで、これに濡れ物を干し、「一種多機能に徹すべし」と語っていたのだから、今から思えば稚気に等しい振る舞いであった。

渓と森に深く潜んで同化しようと思うなら、それまで学んだ登山の常識を捨て去らねばならなかった。

渓と森に従うこと。すべてはそこから始まった。

快適な居住空間と気密性はテントの本領だが、その快適さに埋没してしまうと周囲の変化が見えなくなる。そのいい例が増水への対応である。だから私はテント愛好者に対して、テントに泊まってもいいが、増水の懸念があるなら上流に向けて入口を開け、注意を怠らないようにすべきだ、と忠告する。

さらに言えば、テントはその形の平面を必要とするが、フライシートの特性はテントの対極に位置する。なにより地形の制約を受けないのがいい。地面に凹凸があろうが、岩がゴロゴロしていようが、その間に各自が横になれる空間さえあれば設営に問題はない。当然のことに気密性はゼロだが、増水の危機も即座に察知できる。その解放性を私は、渓と一体になれる優れもの、と表現したが、そこには半分以上、負け惜しみが含まれている。テントと違って、ともかく寒いのだ。寒さをしのぐために焚き火を絶やさなくなったのは当然の帰結であった。

晴れたら焚き火の周りで眠り、雨が降ったらフライシートに逃れる。

そのうえで編み出したのが、フライシートの真下で焚き火をする方法であった。雨の恐れがあれば、2枚のフライシートを屋根形に組み合わせて真ん中を空け、煙出しに使うことによって、雨の夜を快適に過ごせるようにしたのである。

タープという用語が登山界に登場してきたのは近年のことだ。フライシートは単独ではなく、たとえばツエルトと組み合わせて用いる製品で、それを単なる屋根として用いるスタイルが広まるにつれて、タープに特化して製品化するメーカーが現われたからだ。私が使っているのはアライテントのタープで、ほかに秀山荘などで

「ライペン　ビバークタープM」
アライテント

も作っているが、大きさはさまざまである。しかし、大きければいいというものではない、というのが私の考えである。タープを張った経験者ならわかるだろうが、必ずしも大は小を兼ねないのである。雨をためすぎて処置に窮する、と言ったら理解してもらえるだろうか。私はMサイズ（290㎝×250㎝）のタープを愛用しているが、この2枚の組み合わせで4、5人なら充分に泊まれる。

釣り人などはブルーシートをよく用いるが、もちろんそれでもいい。近年は値段が安くなり、私のタープと同じ大きさのブルーシートなら2000〜3000円で買えるだろう。その気になれば使い捨てにもできる価格だが、そのお手軽感が私にはなじまない。

私のナイロン製のタープは、すでに穴だらけでボロボロである。それは長い渓の暮らしをともにしてきた歴史の証言者であり、苦難を分け合った渓の相棒だからだ。渓で過ごした夜ごとの焚き火の煙を浴びて変色し、燻製の匂いにまみれて、いつもザックの奥底にしまわれている。

そのタープを街で乾かし、再び渓の夜に用いるとき、タープに染み込んだ匂いが忽然と周囲に広がり、たどりきた渓の記憶を鮮明に浮かび上がらせるのである。

タープを2枚張り、間を開けて煙出しにし、その真下で焚き火をする

24 鋸

男の武器1

男の武器が本当に鋸だと思うかと問われたら、以前は「違う」と答えただろう。無論、戦う相手によってだが、渓の獲物を得ようとするなら釣り竿が武器になる。クマと戦うなら鉈である。当初は、鉈とナイフ（P220）と釣り竿（P190）があれば、鋸なんて不要だと思っていた。しかし、経験を積めば積むほど、鋸の重要性を知らされる。

渓の夜を相手にするかぎり、鋸に勝る男の武器はない。タープの支柱を切り出して枝を払い、あるいは集めた薪を切りそろえるためには、パーティで1本ではとても足りない。鋸は全員が携行すべきで、たとえ非力であっても、数を頼みに薪という獲物に立ち向かわなくてはならないからだ。私たちにとって、焚き火は遊びではない。焚き火の炎は心安らぐが、その焚き火で炊事をし、夜通し燃やして暖をとり、

「ゼットソー300」
岡田金属工業所
ゼットソー
300

明日の朝の炊事にまで使う。だから、半端な薪の量ではとても足りず、全員が鋸を持参して奮闘しなければ、薪の処理は覚束ないのである。

使い始めはシルキーのゴムボーイという製品だった。ゴムグリップの折り込み式で、刃渡りは210㎜。切れ味抜群で携行しやすかったから、長く愛用したのだが、あるときガイドの客だった大工さんが、現地で颯爽と取り出してみせたのが「ゼットソー300」という鋸だった。刃と柄が別になっていて、その場で組み合わせて使うのだが、その切れ味がすさまじかった。「高桑さん、今の大工はみんなこれだよ。切れなくなったら替え刃を買えばいい。安いもんだ」。道具箱は大工の魂だった時代がある。確か鋸の目立てという仕事もあったはずだ。今でもあるかは知らないが、あったとしても、すでに職業としては成立しないだろう。時代の流れといってしまえばそれまでだが、といって鋸の需要が減ったわけではない。本職の大工が使い捨てにする時代なら、素人の私が抗弁しても始まるまい。

ゼットソーの刃渡りは300㎜で、同じ長さの柄が別にある。セットならホームセンターで3000円ほど、替え刃だけなら2000円もしない。使い捨てという言葉に抵抗があったが、使ってみたら手放せなくなった。いいものはいいのである。

ゼットソーを腰に差して薪集めに向かう。このスタイルが使いやすい

25 ビニールひも

これで充分

渓の夜をタープで過ごすのは意地のようなものだった。別にテントが嫌いでタープ派になったわけではない。それぞれの長短と使う環境を勘案してタープを選んだ。だから寒い夜などは、テントがたまらなく恋しくなったりする。しかし、そこで妥協してしまえば進歩も発展もなくなってしまう。

たとえばイワナの餌釣りとテンカラ釣りがそうで、両方の竿を持ち、テンカラが駄目なら餌に戻ればいいと思っているかぎり、テンカラ釣りの技の習得は望めない。そういうことだ。タープにしたのなら、あらゆる状況をタープに徹してしのぐという信念が必要なのである。

基本的にタープは支柱を立てて家型に張るが、支柱の張り綱を周囲の樹木などに巻き付けて安定を得る。あとはタープの四隅に結んだ、長さ3mほどの2㎜径ロー

25｜ビニールひも

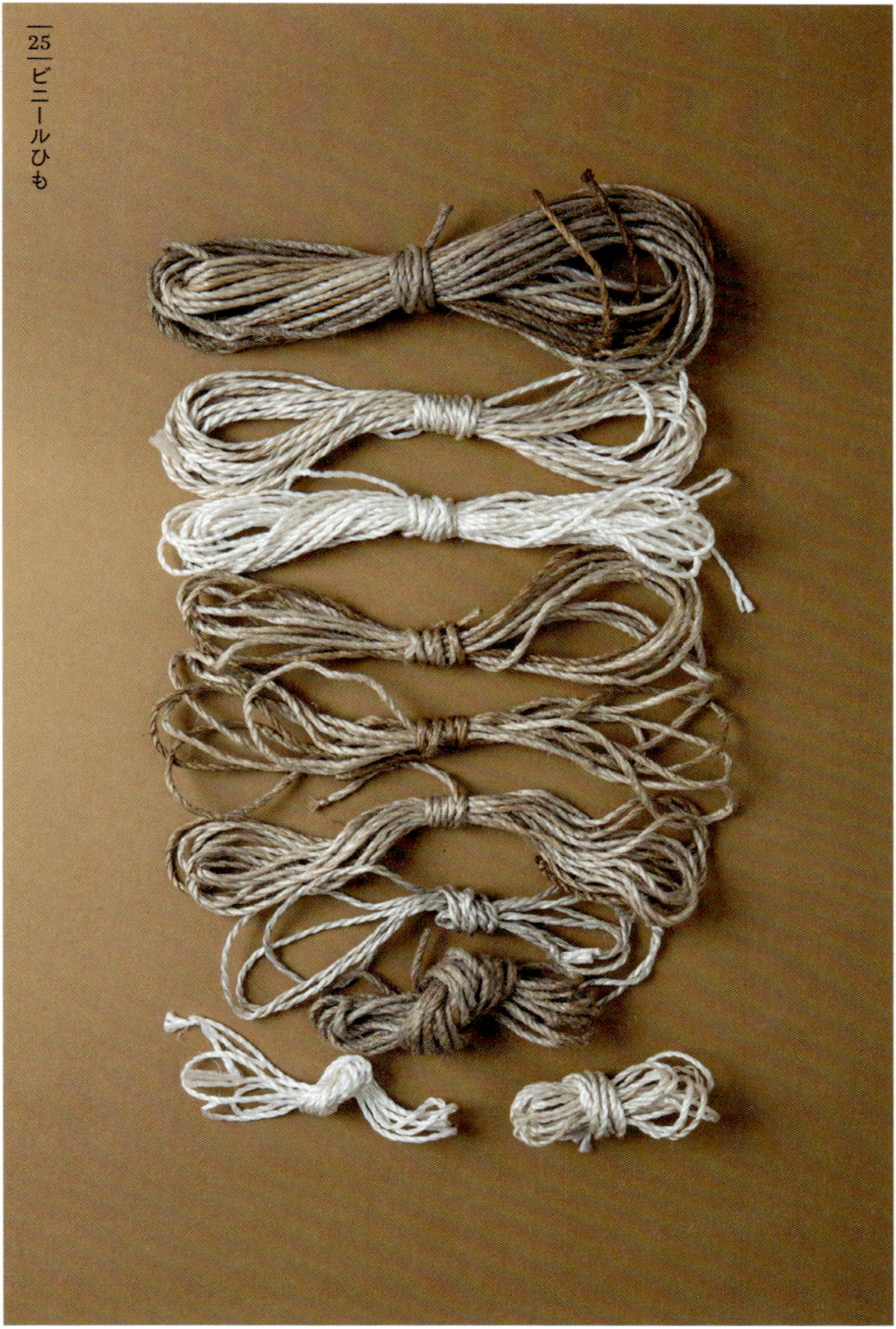

プを張れば、最良のタープの形が完成する。私は美しさにこだわるＡ型人間なのである。

問題は、最も強度が加わる支柱の張り綱で、初期には6㎜径ロープを用いていたのだが、タープの下で火を燃やせばダメージが強すぎて登攀には使えなくなる。その代用として探し当てたのが、ホームセンターの片隅に並んでいたビニールひもであった。火にかざせば、すぐにでも燃えてしまうと思われたビニールひもなのに、どっこい、そうではなかったのである。火にかざすのと、火に投入することの明確な違いがそこにはあった。炎の熱に晒されて、情けなく細くなりはすれども、燃えてちぎれてしまうことは一度としてなかった。太さ3㎜で、長さ200mのビニールひもは、ホームセンターに数百円で売られている代物である。この長短不ぞろいに切った数本の、取るに足らないビニールひもが、私の渓の夜を支えている。

別に私はホームセンターの回し者ではない。本来の用途を超えて生かすことの方策が生まれるのだとしたら、道具の使命というものは、ここに極まるのではあるまいか。その一事によって、もしかしたら私は登山用具メーカーから嫌われるかもしれないが、それはそれとして、受け入れる覚悟はしているのである。

対岸に支点を求めることもある。何事も臨機応変ということだ

26　液体メタ

着火剤は必要

「ガンピ」というものをご存じだろうか。シラカバやダケカンバの薄い皮のことである。北海道の岳人なら大抵は知っていて、見つけたらなにげなくこれを剝ぎ、ポッケに入れておく習性があると聞く。ガンピは油分が強く、焚き火の焚き付けとしてこれに勝るものはない。しかし本州の低山となると手に入れにくく、古老などは「ジサガラ」なるものを用いたりする。これはアブラチャンという樹木のことでガンピと同じようによく燃える。ゼンマイ採りが釜の焚き付けに使うのがこれである。

これら自然のものが見つからない場合を考えてザックに忍ばせているのが「メタ」と呼ばれる着火剤である。メタはスティック状の固形燃料だ。これとメタクッカーをセットで使うのだが、1本で5分は燃えるから、湯を沸かすのに充分であった。

所属していた山岳会では、旧タイプの薄いメタで20本、その後の2倍の厚さにな

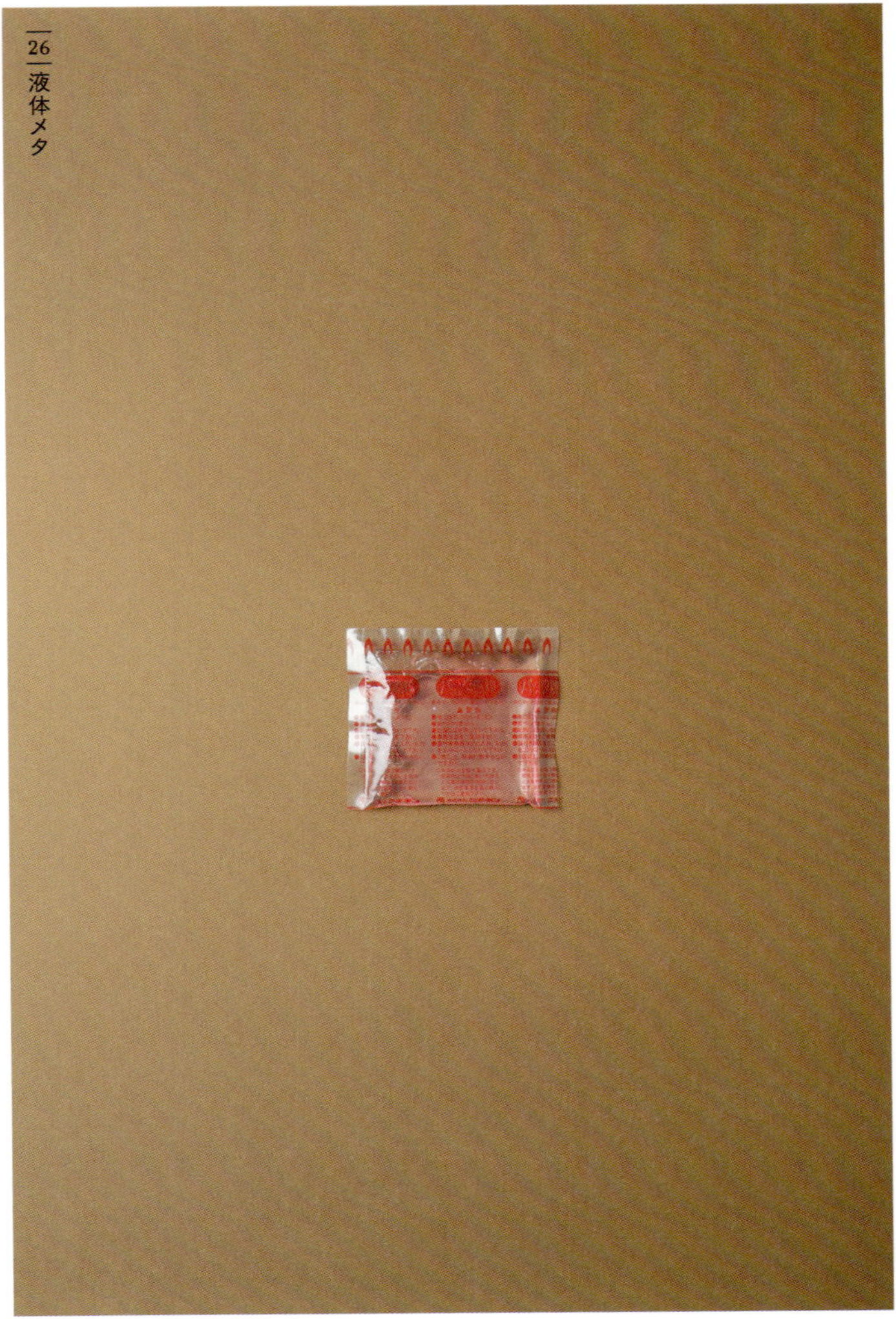

ったメタで10本を各自の必携とした。火器を持たないフォーストビバーク（不時野営）の際の炊事に用いるためである。いかにか細い火であっても、全員のメタを集めれば飯が炊けてしまうのだから侮《あなど》ってはならない。

高級品を「スイスメタ」、比較的安価なメタに「エスビット」がある。スイスメタをコカ・コーラに例えるなら、燃焼用の五徳の付いたエスビットはペプシコーラといったところだろうか。そのメタが登山用具店の店頭から姿を消して久しい。私が思うに、メタが売れなくなったのは、予熱の必要な旧式のガソリンコンロが消えて、手軽なガスコンロが全盛になったからである。

しからばどうするか、と考えた私は、アウトドア商品のなかから格好の品を見つけた。それが液体メタである。知り合いが１００個入りの箱をくれ、それを使い切った私は、もっとちょうだいとは言えずに近所を走り回った結果、百円ショップでこれを見つけた。４個で１００円である。燃焼時間と燃焼効率はスイスメタに勝るとも劣らない。おそらく夏場だけ店頭に並ぶ商品だから、各店を探し歩いて買い占めた。翌年のシーズンまで必要にして充分なメタを手に入れてしまった今、私の手元には売るほどの液体メタがある。

太い薪を地面に並べて液体メタを載せ、小枝を載せたら、あおがずに待つ

タープの張り方

場所選びは天気を考えて

　天気が場所選びの最優先になるのは増水対策だ。河原は快適だが雨に弱い。森は安全だが快適な空間は少ない。

　したがって、方法はいくつかある。降りそうなら森に張る。降らないようなら河原に張る。そこまではいいが、はっきりしないときがいちばん困る。森にタープを張って河原で焚き火か、あるいは河原に張って森に逃げ場を確保し、整地しておく。余分があれば逃げ場の森にもタープを張れば完璧だ。そのとき大事なのが、急斜面ならロープを垂らしておくこと。鉄砲水ということもあるからだ。

　安全第一なら森がいい。だが、次第に大胆になって、快適な河原を使うようになる。このときが要注意。何事も慣れが油断を生むのである。

基本は家型で、時には形を変えて

空間利用、居住性ともに家型が最良である。タープの向きを渓と直角にするのは、風が流れと平行に吹くからで、風をさえぎるためである。

雨の心配があれば、2枚のタープの真ん中を焚き火スペースにし、上部に隙間を開けて煙出しにする。

焚き火の周りでゴロ寝がお好みなら、焚き火とタープは離して設置する。どちらかひとつの空間しかなければ、片屋根にすることもある。この場合、流れの側を高く、奥を低く設置する。このほうが水を得やすく、雨天での水位の変化もすぐわかる。

高いほうのタープの真下で焚き火をすると、雨にも充分耐えられて使い勝手がいい。家型に比べると幾分寒いのが難点だが、すべては臨機応変である。

支柱は大黒柱

家は柱が命。タープも家だから、支柱が欠かせない。基本的には木の枝を使う。森の中なら立ち木がいい。

まずはタープの場所を決めるのが先決で、立ち木に張ったロープの真下にタープのスペースがくればいい。立ち木の間は広くてもいい。タープを引っ張ったときに、たわんで低くなったら、タープの両脇をY字の枝を使って持ち上げれば安定する。

河原で張るなら、同じようなY字の枝を探してきて使う。タープの四隅は、小石を使う。タープの支点が乏しいなら、思いきって対岸を探してみる。石や木があればそれでいいし、場合によっては対岸の岩にハーケンを打ったりもする。増水して回収が不能になっても、ビニールひもで惜しくはないが、ハーケンは諦めるしかない。

屋根の角度

晴れていたら焚き火でゴロ寝が私のスタイルだから、タープに逃れるのは雨の日が多い。だから雨の心配のある日は入念に張る。簡単なことだが、低く張ればスペースは広くなる。吹き込みを考えれば、広いスペースの中央に陣取ったほうが快適で、風にも耐えられる。もちろん、人数によっても変わる。

低く張ったときの問題は、雨がたまりやすいことだ。そんなときは、ロープで縦横に補強してタープに弛みができないようにするが、場合によって、葉の付いた枝でタープを下から支えれば、布地も傷まず、しのぎやすい空間が生まれる。吹き込みを少なくするには、タープの四隅を接地させる。その上で、居住に問題がなければ中央を高くする。あくまで、タープの広さと人数による。

火の熾し方

焚き火は風の流れを考えて

焚き火を井桁に組むことはあり得ない。あれはあっという間に燃え尽きる。焚き火はキャンプファイヤーのお遊びではない。すべからく薪は平行に積んでいく。積み方には二説あって、流れに平行か直角かの違いだけだ。

風は渓と平行に流れる。その風と同じように積むのが私のやり方だ。

平行に比べて直角のほうが火の持ちがいいというが、私の感じではさほど変わらない。だが、なにがなんでも平行とは限らない。地形の制約があるからだ。

それと天気で、晴れたらタープの外で焚き火をし、雨が降るとわかれば、初めからタープの下で焚き火をする。それによって焚き火の場所が必然的に定まる。

薪はたっぷり、太さ別にそろえる

夜通し燃やすことを考えて薪を集める。火が付いてしまえば生木のほうが燃えるが、それはやらない。流木か森の枯れ木で充分である。

薪を集めたら、太さ別にまとめる。長さを１ｍ程度に切りそろえておけば燃やすときに便利だ。

まず、太い木を地面に並べる。これは地面からの熱を遮断するためだ。そうしておいて、その上に、太い木の隙間を埋めるように腕ほどの木を載せていく。

最後が焚き付け。小指の先以下の小枝で、これは多いほどいい。細い分には、いくら細くてもいい。小枝を多く集めるのは、消えてしまったときの再着火の用意でもある。何事も失敗というものがあるからで、これは別に小分けして積んでおく。

あおいではダメ、じっくり待つ

点火は着火剤を使う。固形メタやアウトドア用のものが売られている。大概は、メタなら1個、着火剤でも1個で火が付く。火を付けた着火剤を積んだ木の上に載せるが、隙間に落ちないように細い木で隙間を埋めておく。

着火剤の上に焚き付けの小枝を載せる。量は多くてかまわない。濡れた小枝の間を通る煙が乾燥を促し、放っておいても自然に火が付く。

燃えが悪いからといって、すぐにあおぐ人がいるが、決してあおいではならない。あおぐと、せっかく乾燥させようとしている熱や煙を追い払ってしまうからだ。

場合によっては、濡れた小枝の乾燥を促すために、焚き付けの小枝を両手で押し付けてもいい。

火が付かないときは新聞で覆う

雨が降っているときは、焚き付けの小枝の量を倍にする。雨に奪われる熱量を補完するためである。

新聞紙を上に載せるのは、初期のころの雨の焚き火の必殺技だった。新聞紙の優れた点は遮断性で、上からの雨で新聞紙は濡れるが、同時に下からの熱は逃げず薪は乾く。新聞紙が燃え上がれば焚き付けに火が付いた合図だ。

時に、どうやっても火が付かないことがあるが、その場合は、何事も思うようにはならないのだと諦めるしかない。長い渓の夜を過ごしていれば、ままあることだ。

初期のころの必殺技と言ったのは、近年はタープの下でも焚き火をするようになったからだ。焚き火もまた、工夫の産物なのである。

美しいタープの張り方の手順

張る場所を決める 雨の心配がなければ、河原が快適。それも、後ろの森に逃げ込める場所。森の立ち木が支柱になればなおいい

支柱を切り出す
森と反対側の支柱はY字の枝を選び、長めに切って、高さに合わせて下部を切りそろえる

私流の結び方はP136に

高さを決めて、
立ち木にメインのひもを結ぶ

ひもの一方を立ち木に結ぶ。すべての荷重が、ここに集中するので、弛まないように確実に留めること

ひもの途中を支柱に結ぶ

もう一方を切り出した木で支える

メインのひもを、タープの幅より長い地点に立てたY字の枝先に結び、枝先から左右にひもを張って固定

弛まないようにしっかりと

タープを張る

メインのひもにタープを張る。タープの細ひもをメインのひもに自在結びで固定する。もう1枚も同様にする

四隅を固定する

タープが弛まないように四隅を固定してから、最後に左右の中心の細ひもを留める。このひと手間が、雨漏りを防いで快適な夜をもたらす

固定はしっかりと

支点は、あるものを有効に使う。石や枝、さらには草をまとめて支点に使ったりもする

草をまとめて

河原なら石で

2本の枝で

ひもの結び方

立ち木に結ぶ・私流

結び方は
いろいろあるが、
いつのまにか私流

末端（短いほう）をメインのひもの下に通す

末端を矢印のように通す

木に縛り、固定させる

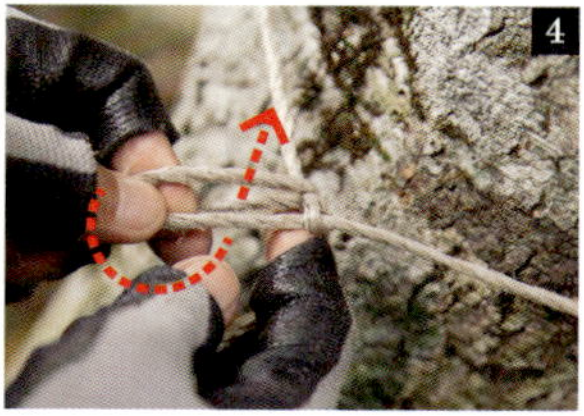

末端を輪にして、下から引き出す

ひもの場合は輪にして留めるとほどきやすい。ロープなどの場合はハーフ・ヒッチで結ぶ

タープのひもを結ぶ

屋根をしっかりひもに結ぶ。
マスターすれば簡単便利

タープのひもを、メインのひもに引っ張りながらハーフ・ヒッチで結んでいく。末端はツー・ハーフ・ヒッチ（ふた結び・P138）やトート・ライン・ヒッチ（自在結び）などで処理する

間隔をあけてハーフ・ヒッチを繰り返す

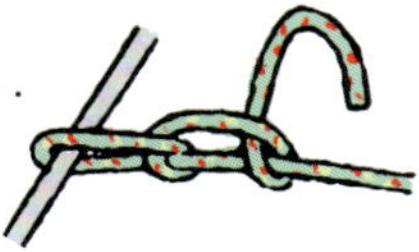

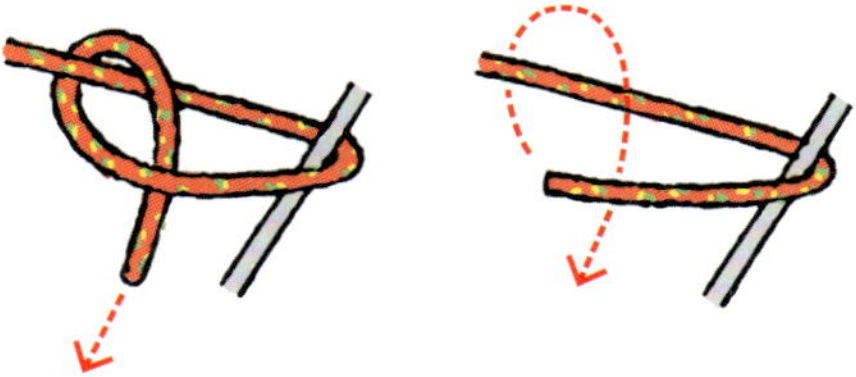

ハーフ・ヒッチ
（ひと結び）

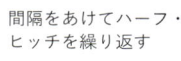

ラウンド・ターン&ツー・ハーフ・ヒッチ

1 木にひもを巻き付ける

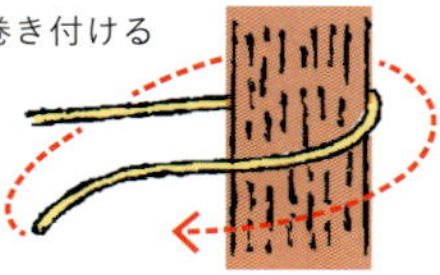

2 2回しっかり巻き付ける

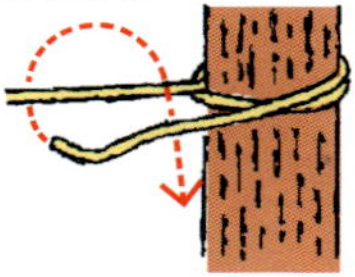

3 ハーフ・ヒッチを1回

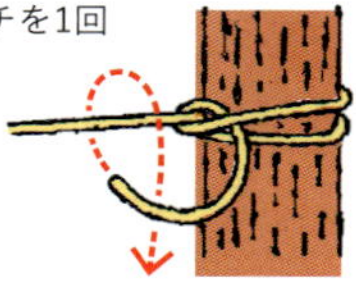

4 もう1回ハーフ・ヒッチで結ぶ

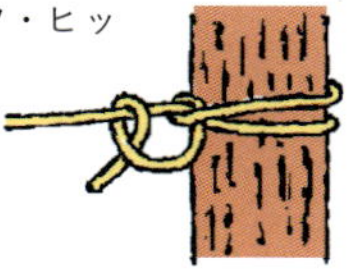

5 ぎゅっと縛る

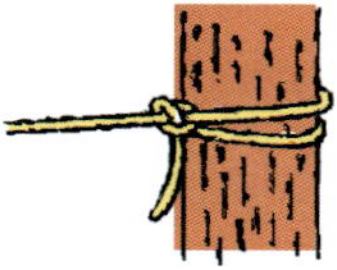

立ち木に結ぶ

ひもの末端で結ぶ

クローブ・ヒッチ&ハーフ・ヒッチ

1

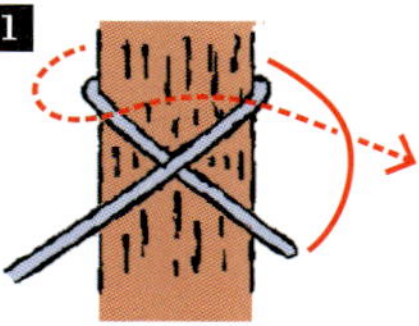

木に巻き付ける

2

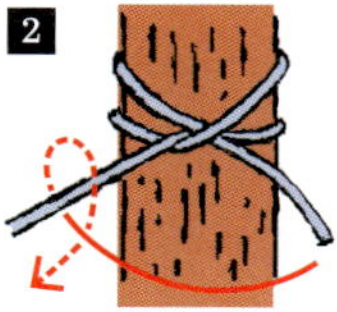

もう一周巻き付けて縛る

3

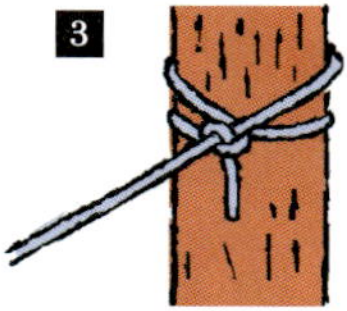

末端をハーフ・ヒッチで1回結ぶ

ひもを固定する

岩でも木でも草でも

ツー・ハーフ・ヒッチ

1

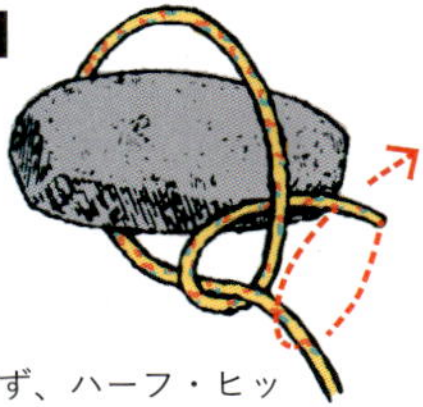

まず、ハーフ・ヒッチを1回

2

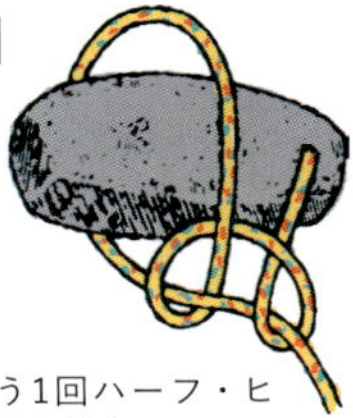

もう1回ハーフ・ヒッチを結ぶ

3

ぎゅっと縛る

支柱に結ぶ

ひもの中間で木に結ぶ

クローブ・ヒッチ

1

ひもの途中で輪をふたつ作る。この形を忘れずに

2

輪を重ねる。上下間違えないように

3

支柱の先端に輪を通す

イラスト参考文献＝
『山登りABC　ちょっとロープワーク』(羽根田 治著・山と溪谷社)

焚き火の手順

太い薪を積んだ上に、腕ほどの木を載せる。手前は焚き付けの小枝である

市販の着火剤に火を付けて、焚き火の上に載せる。すぐに小枝を重ねずに、着火剤の火が安定するまで待つ

火が安定したら、焚き付けの小枝を載せる。小枝は細いほどいい

焚き付けの小枝で炎を覆うようにする。手で小枝の隙間を小さくするために押してやってもいい

火が付いても、しばらくは放っておく。決してあおいではならない。背後の薪の山が今夜の分だ

雨中の焚き火の付け方のひとつ。広げた新聞紙を火種に載せて雨を遮断し、燃え上がったら火が付いた合図

火が安定してくると下に置いた太い木に燃え広がる。こうなれば、ちょっとやそっとでは消えない火になる

安定した状態の焚き火。人によって方法はさまざまだが、私は金網を載せて調理に用いる

火の始末

焚き火の消火を決めたら、燃えさしの薪を持って、焚き火から外す

その枝を流れに投じて消す。あまり遠くなければ、投げてもいいが、ケガには充分に注意する

汲んでおいた水筒の水を焚き火にかける。灰神楽が立つから、荷物などは遠ざけておく

消火した焚き火の跡は、こんな感じになる。火は消えても地面の熱は相当なものだ

ゴミを入れるビニール袋を用意しておき、燃え残ったゴミを拾い、収納する

アルミ箔は燃えないので、最初から燃やさないようにするが、見落とさないよう丹念に調べる

焚き火の跡に土をかぶせながら平坦に均し、跡が残らないよう原状復帰を図る

「立つ鳥、跡を濁さず」が私の信条。痕跡を残さないまで、きれいにしたいものだ

27｜ライター

ライター3種

ライターを何個も持つのは、私がタバコを吸うからではない。

渓の遡行が活動のメインで、しかも泊まりが多いとなれば、ライターは死活に関わる重要な道具だ。几帳面な性格なら、水濡れ対策を施したライターを1個持てばいいのだろうが、故障を考えればひとつでは心もとない。まして、私はタバコを吸う。結果、私のザックにはおそらく4個以上のライターが分散して入っている。

ライターでいちばん困るのが飛行機に乗るときで、機内持ち込みの1個を除き、すべてが即座に検知されて没収の憂き目に遭う。以前は仲間たちから送られたジッポーのライターを愛用していたが、忘れ物大王の私は渓で何個も置き忘れ、いつしか高価なライターを持たなくなったし、呆れ果てた仲間たちも進呈してくれなくなった。空港で没収されるか渓で置き忘れるかの結果を思えば、高価なライターは結

ターボ式
SOTO
フリント式
電子式

局身につかず、いつしか百円ライター一辺倒になってしまった私がいる。

写真中央にある圧電式の電子ライターは、渓の中で濡れた手で火を付けるのには都合がいいが、しかし電子ライターは高度に弱い。めったに高山へは登らないからさほどの必要はないが、標高の低い山域では重宝している。

右のフリント式と呼ばれる着火式のライターはその逆で、指さえ乾いていれば高度にかかわらず安定した炎が得られる。左にあるのがターボライターで、風に強いため、タバコを吸うときの強い味方である。以上の3種のライターがあれば鬼に金棒といっていいが、しかし左のターボライターを、安価なコンビニ製品ではなく高価な新富士バーナーのＳＯＴＯ製品にしたのには訳がある。渓でイワナを釣って寿司を握ったりするが、たまには炙り寿司が食いたいと言う贅沢な仲間がいて、それならと買いそろえたのだが、いまだ機会に恵まれないままである。

心臓病の手術をしたときに「原因はタバコですよ」と医者に言われ、恐れをなして禁煙したが、ほとぼりが冷めて再び吸い始めたのは意志が弱いからだ。時代はすでに禁煙社会で、肩身が狭い。やめるつもりは毛頭ないが、頭には常に「禁煙」の二文字がある。

禁煙できないのは自己抑制のない証拠。きれいな空気のなかで毒を吸う

28 ビリーカン

渓流生活の定番

「ビリーカン」は、英国ホットン社の製品で、野外生活に欠かせない炊事道具として名を馳せたが、同社の倒産により、入手が難しくなって今日に及んでいる。

渓の炊事を焚き火に求めるようになって愛用したのが、旧陸軍の象徴のごとくであった兵式飯盒である。一度で4合炊ける優れものだが、それだけでは使いにくいと知ったのか、「ミニ飯盒」の名でICI石井スポーツが売り出した入れ子のものを手に入れ、飯盒とセットにしてしばらく使っていた。

ビリーカンを使い始めたのは、釣り人からの伝播であったかと思う。ビリーカンを知った私たちは、これを手放せなくなった。というのも、軍隊という集団での飯盒は、急場をしのぐために与えられた一人一個の軍装で、さまざまな料理を作って全員で楽しむ私たちの食事風景に用いるには、やはり使い勝手が悪かったからだ。

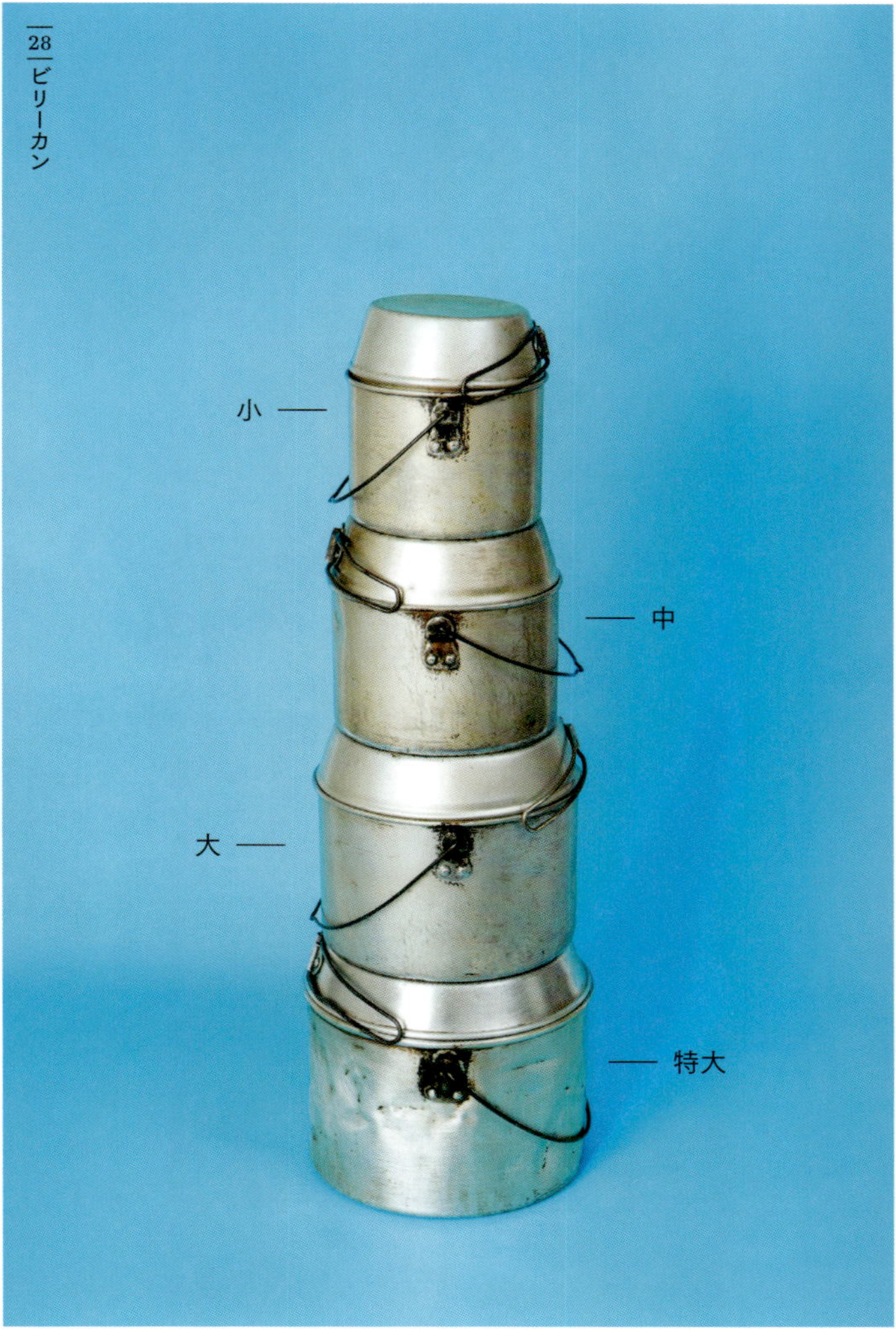
小
中
大
特大

小・中・大の3種の入れ子になったビリーカンの便利さは格別であった。中なら3合、大なら6合は炊けたから人数に応じてセットを使い分けることもできた。なによりビリーカンを焚き火にかけたときの風情がよかった。焚き火の炎をその曲面に映し出し、少しずつ焦げ色が付いていく味わいの妙である。新しいものでは気恥ずかしく、使い古したビリーカンの貫禄が渓の経験値の証のように思えたのである。

そのビリーカンの消滅を待っていたかのように現われたのが、日本のモリタやキャラバンの「渓流コッヘル」と呼ばれるコピー商品で、これは短命に終わった。今、出回っているのは、DUGの「焚き火缶」で、いずれもビリーカンのコピーである。

写真の上3つは渓流コッヘルである。いくらビリーカンがいいといっても、使って洗ってザックに入れて持ち運べば損傷が進み、やがては代替わりを強いられる。別にビリーカンでなくても私は構わない。〝もどき〟でも使い勝手がよければいいのである。ちなみに写真のいちばん下の鍋は、ガイドの客が近所の荒物屋で見つけて私に進呈してくれた正真正銘のビリーカンの特大で、これひとつで一升は優に炊けるが、必要とする出番が少ないゆえに、真新しくも偉そうに鎮座しているのは皮肉というほかはない。

焚き火はすべての燃料源。写真はビリーカンの大。飯なら6合は炊ける

29 フライパン

意外と必需品

源流の釣り人の間でフライパンが流行ったことがある。なぜか中華鍋に限られるのだが、フライパンが万能の調理鍋であることは確かだ。揚げ物は当然として、大量の煮物や焼き物や蒸し物まで、これ一台でこなすことができるのは、さすが中国四千年の果実というべきであろう。

やれチタンの中華鍋がいいの、取っ手を現場でビス留めできるようにしたのがいいのと、中華鍋談義に花が咲いたが、源流の釣り人たちにとって、重荷は自分たちの勲章のようなものだから、委細かまわないのである。チタンがいいというのなら、さぞかし軽量化を考えているのだろうと思いきや、それぞれのザックから500㎖の缶ビールの箱入りがごっそり出てくるのだから驚かされる。

いくら釣り人と外見が同じでも、遡行者は決してしないパフォーマンスである。

「フライパン」東京トップ

フライパンの便利さを知った私たちも、これを愛用するようになって久しい。こちらも中華鍋と言ってみたいが、ザックの中の重い登攀具を思えば無理はできなかった。家庭用など適当に調達して使ってきたが、大菩薩嶺の丸川荘で泊まったとき、山小屋の親父の只木貞吉さんが教えてくれたのが、写真のフライパンである。特別、なにが優れているというわけではない普通のフライパンなのだが、いくつかの理由によって買い求める気になった。

これを作った東京トップという会社の関係者が、山小屋の客にいた。その会社が登山に持っていけるよう、それまでの外せない取っ手を折りたたみ式にして業界初の特許を取ったというのである。つまりは、今の山用フライパンの元祖ともいうべき逸品であった。東京トップは古い山屋なら知っているが、トップスノーマンというピッケルで一世を風靡した登山用具メーカーのことだ。

テフロン加工の健康被害が評判を落とし、売れ残ったわずかな在庫が安く買える、というのが決め手になった。すでに健康を最優先する歳ではない。在庫も底を突き、あえて薦める義理もないが、これに代わるフライパンが手に入るなら、ぜひ使ってみてほしい。山の炊事の世界が変わるはずである。

東京トップのフライパン。テフロン加工の優れものだが近年は見かけない

30 ガスバーナー

火はあるけれど

焚き火があればバーナーは要らない、とは思っていない。私はサバイバル登山をしているつもりもないし、なにより焚き火だけに頼るほど自信家でもないからだ。もしかしたら私は、登山者ならば火器を持つべし、という制約から逃れられていないのではないか、と思うことさえある。しかし、どちらかひとつを選ばねばならない、というものでもあるまい。あれば安心できるのなら、躊躇わずに持てばいい。渓を志向する知り合いで、過去の遭難を契機に、一人一台のバーナーとガスボンベの携行を義務付けている会がある。それはそれで結構なことだと思う。なんらかの障害で、ひとり置き去りにされたなら、これほど心強いこともないだろう。

しかし私は、今のところ、そこまでの必要を感じていない。どのような形であれ、急場に際してパーティにワンセットあれば充分だと思っている。

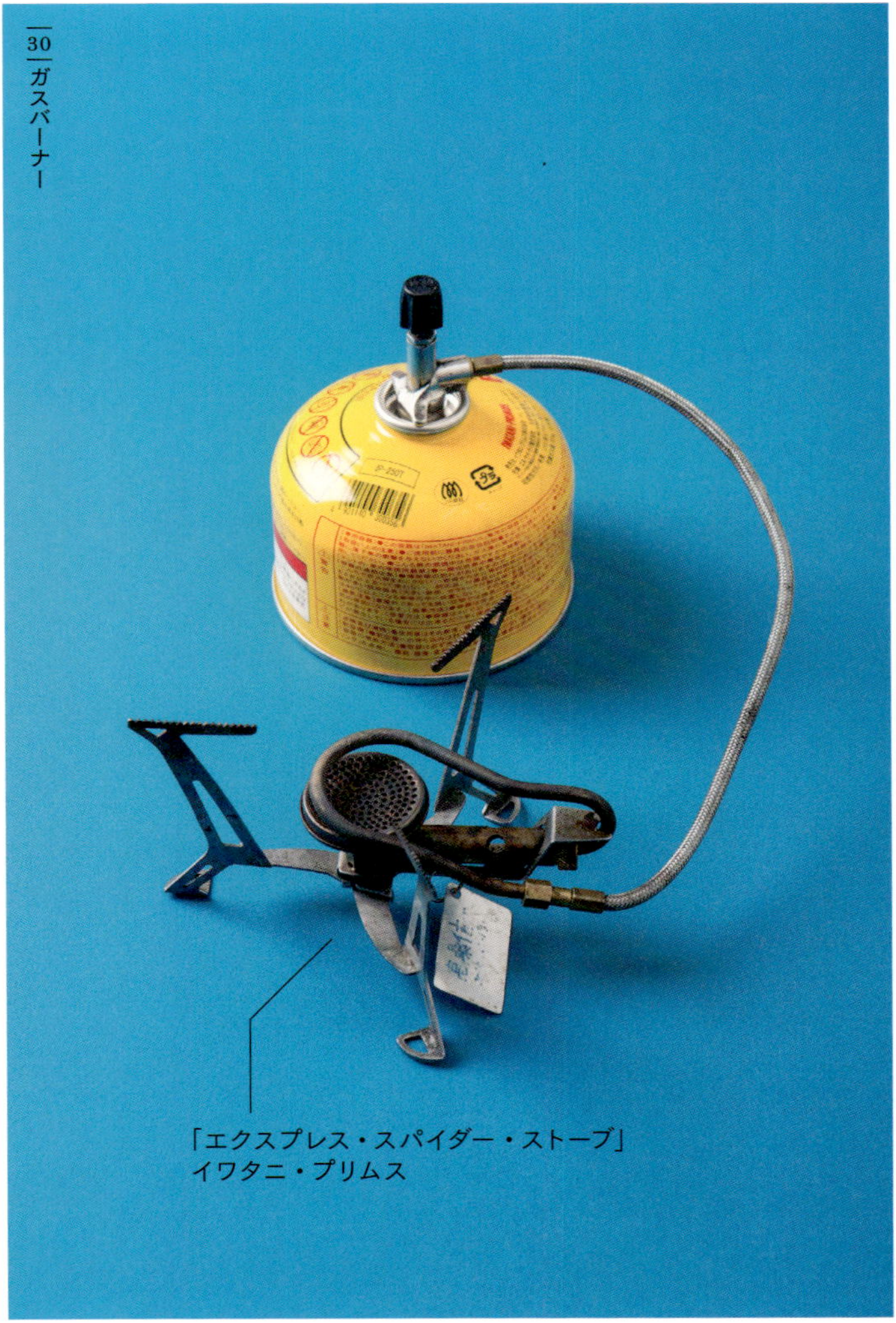

「エクスプレス・スパイダー・ストーブ」
イワタニ・プリムス

事実、持ってはいても、渓の夜にバーナーを使うことはあまりない。せいぜいが、天ぷらなどの油を使うときで、火が安定しない焚き火に載せたフライパンよりも、バーナーのほうが安定するし、抜群に使い勝手がいい。あるいは、まだ焚き火が燃え上がらず、火が安定するまで待てないときなどは、バーナーに頼ったりもする。

渓で2泊の遡行なら、メンバーの数に限らずボンベは1個で済む。のんびり山行で背負える仲間がいればボンベを増やしたりもするが、すべてはケース・バイ・ケースである。共同装備だから、ボンベもバーナーも拠出者を決めるが、それが自分でなかろうと、バーナーだけは私も持つ。過去にバーナーが故障して悲惨な目に遭ったことがあり、1台では不安だからで、たいした重さでもないから、自分でも持つだけのことである。

私のバーナーは分離式で、大きな五徳で安定感があり、ビリーカンを載せてもまったく不安がない。

バーナーが最も活躍するのは昼だ。昼は麺が主体なので、時間があれば焚き火を熾したりもするが、バーナーのほうが手っ取り早い。

もしかしたら私たちは、麺を茹でるためにバーナーを持つのかもしれない。

晩に炊いた飯をビニール袋に入れておき、翌朝バーナーで温めて朝食に

31 シェラカップ

酒はこれで

100mℓと50mℓ、あるいは100ccと50ccという単位を実感として教えてくれたのは、スノーピークのシェラカップである。

飯を食うための チタンの食器とは別に、雨蓋にシェラカップの中・小を入れているのは、もちろん酒を呑むためだ。食器でも用は足りるが、趣に欠けるように思えて、どうにも落ち着かないのだ。

入れ子のように組み合わせることのできるシェラカップの中・小をセットで持つが、そうと決めてはいないのに、なぜかいつも小さなシェラカップばかり使ってしまうのは、その小ささと持ち重りと注ぐ酒の量が私に合っているからだろう。

本来は日本酒一辺倒だった私が、近年、芋焼酎やウイスキーを愛飲するようになったのは、糖尿病を宣告されてしまったからだ。糖分の高い醸造酒から、いささか

「ミニシェラカップ」
スノーピーク

なりとも糖分の低い蒸留酒への、やむなき転向である。ならば禁酒してはどうかと言われそうだが、酒の楽しみを捨て去るわけにはいかない。節酒という名の自堕落がここにある。

このシェラカップのよさは目盛りの付いていることで、50ccまで焼酎を注ぎ、100ccまでお湯を注げば五分五分のお湯割りができあがる。あとはその日の調子と雰囲気と、翌日の行動の難易を加味しながら、呑む量を加減することになる。

このシェラカップが、酒を呑む以外にも活躍の場があることに気づかされたのは後年である。まずは軽量カップになる。目盛りは50と100だが、満タンにすれば180ccで正一合になる。中のシェラカップはその倍で、100と200の目盛りがあり、満タンで正二合である。この便利な機能に加え、汁をよそるお玉杓子の代わりにもなる。

さまざまな用途に用いて長く使っているうちに、茶渋ならぬ酒渋が内側に茶色くこびり付き、このたびの撮影のために磨いてみたら、思いがけずピカピカになった。涙ぐましい愛着の賜物というべきである。ちなみに、このスノーピークの小さいシェラカップは現在、製造されていないと聞かされている。

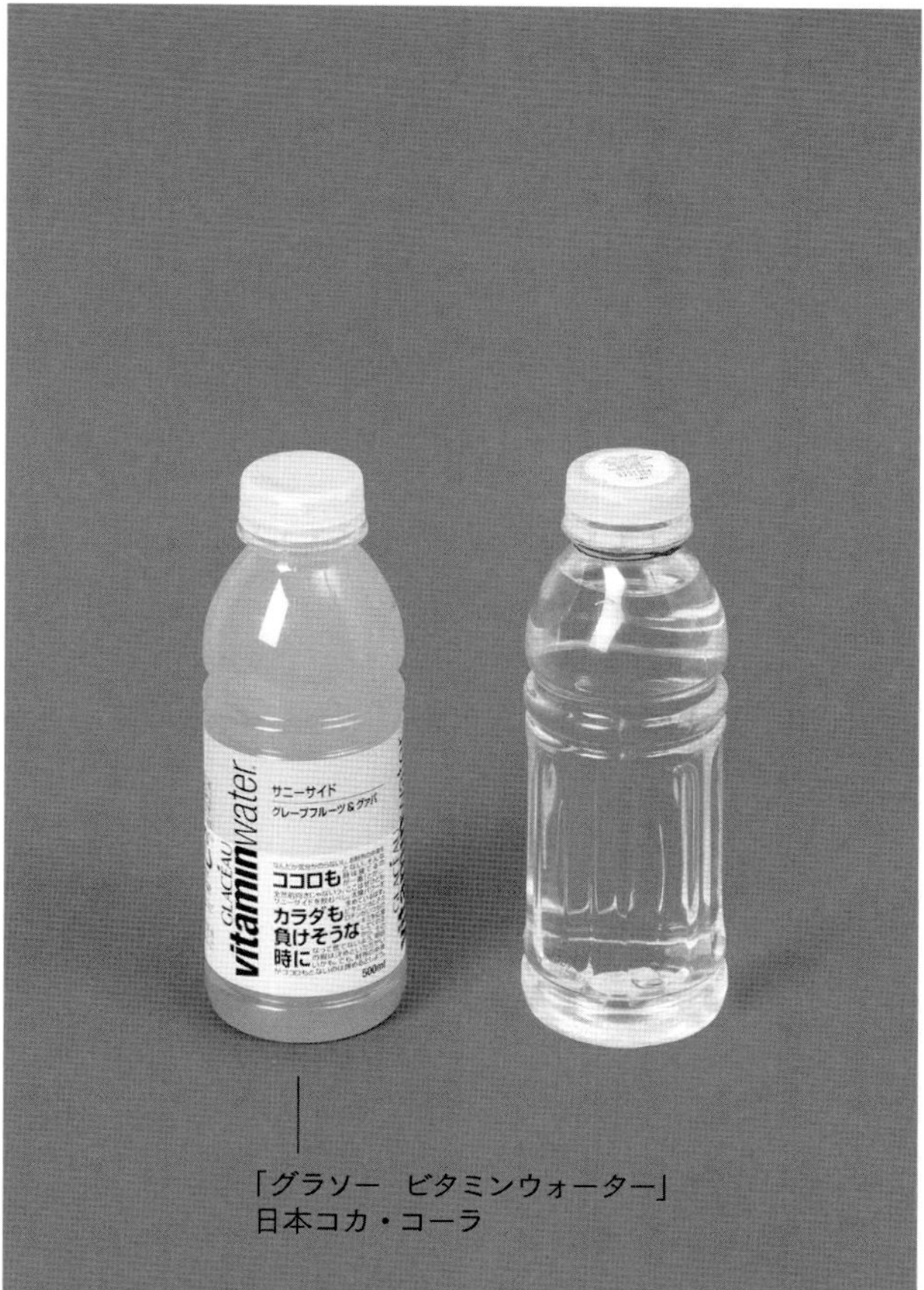

ビタミン系飲料のペットボトル。口が広いので、酒の容器に使っている

32 バーナー板

まな板にもテーブルにも

ある雑誌の取材で冬の八ヶ岳の全山単独縦走を行なったとき、後半の南八ヶ岳で風雪に閉じこめられた。前半は北八ヶ岳の山小屋でお世話になったから気楽に過ごせたが、小屋の乏しい南八ツでは、そうはいかなかった。

ルートを外した私は苦難に陥った。気持ちを落ち着けて飯を食うかと思ったそのとき、バーナー板がないことに気づいた。テントの下は安定しない新雪の突起である。そのとき急場を救ったのが一冊の文庫本だった。薄い文庫本の上にバーナーを載せ、倒れないようにして両手でコッフェルを抱え、降りしきる雪と風に耐えながら炊事をする私の脳裏にあったのは、たった一枚のバーナー板であった。あれほどバーナー板が恋しかったことはない。

ことほど左様に重要なのがバーナー板なのだが、これほど邪険に扱っている道具

32 バーナー板

もないのである。

一口にバーナー板と呼ぶが、この板の用途は、文字どおりバーナーを載せるための台であり、まな板であり、鍋敷きであり、蝋燭台としても機能し、食事のときはテーブルにもなる。つまり5役なのだから、最低でも2枚は欲しいのに、たいがいは1枚でこれを済まそうとする。きちんとしている人間は、表裏にそれぞれバーナー用、まな板用とマジックで書いておく。

少なくとも口に入れるものを調理するのだから、まな板は専用の面にすべきなのに、酔ってくると平気でまな板面に蝋燭を載せたりする。垂れた蝋燭が染み込んだまな板は、すでにまな板としては使えず、仕方がないから引っくり返してバーナー面で調理することになる。こうなると、使い分けもなにもあったものではない。だから私は、常に2枚から3枚のバーナー板を忍ばせている。使い分けは適当でも、2枚あればなんとかなるし、汚くなった板は順次、焚き火で燃やせばいい。

バーナー板は、自分で作るというよりも、知り合いの大工から大量にもらったものをストックしている。必ず1枚をコーティングしたものにしているのは、この面をまな板として使いたいからだ。

バーナー板はまな板にもなる。私はこれを「一種多機能」と呼んでいる

33 箸と箸入れ

箸が好き

時々、箸を持たずにフォークとスプーンだけで飯を食うやつがいる。いいのである。個人の自由だから、なにを使ってもかまわない。しかし、なにを食うにもフォークとスプーンかよ、と言ってみたくなる。だが、もちろん言わない。個人の自由だからだ。しかし目を伏せて、ちらりとそいつを見ながら、やっぱり思う。お前はお子ちゃまじゃないんだし、日本人だろう。ちゃんと箸を使えよ、と。

山を始めた当時から、箸にはこだわりをもっていた。基本的にはマイ箸である。それも男箸と呼ぶ黒檀や紫檀の太い箸だ。しかし、私は忘れ物大王だから、よくなくす。焚き火の傍らで呑むため、管理が疎かになるからだ。まして箸は焚き火の周囲の地面や枯葉に紛れやすく、見つけ出すのが難しい。

比較的長く使ったのは黒檀の箸で、頭部が両側から斜めに削ってあったので、「マ

33 箸と箸入れ

イナスドライバー」と呼んで愛用したが、これも渓に献上した。

地方の山岳会の箸好きの女性会員とお近づきになり、永年供与のお墨付きをもらった。なくしても、そのたびに箸を提供してくれるというのだ。断っておくが私だけではない。箸好きの仲間たち全員がそうだった。しかし、親しくなりすぎたためか、彼女の出過ぎた言動が目に付いて、出入り禁止にした。まさか箸だけが送られてくるはずもないから、箸をなくすたびに困っている。

箸好きは、当然のように箸入れも好きである。一時は百円ショップで売られている、東南アジア産の網状の箸入れを使っていた。私たちは「チンチンサック」と呼んだが、もちろん私の逸物は、あれほど小さくはない。首から下げておけばなくさないというのだが、しまう習慣を身に付けなければなにを使っても同じなのである。

ある日、栃木の大田原に住む仲間の石井伸和が、近くの竹職人が作ったという竹製の箸と箸入れを贈ってくれた。とても味わいのある箸で、これを愛用しようと思ったが、なくしては顔向けができないので家にしまってある。

山行のたびに石井は私の手元を見るのだが、私はしまってあるとは決して言わない。おそらく彼は、またなくしたに違いないと思っているだろう。

渓の相棒の石井伸和。私の弟子でもあるが、今では達人の領域になった

34 ペッタンコ水筒

便利になりました

いつのころからか、稜線歩きをする際には水を待たなくなった。もちろん、すべてにおいて、とは言わない。

沢登りを活動の主軸に据える私たちにとって、水が欲しければ渓に下りればいいという思いがある。そして、直近の渓で水を求めるのは、さほど難しいことではない。それを傲慢だと言われれば返す言葉がないが、とりあえずこれまで不自由はしてこなかった。

下田・川内という山塊がある。主峰は矢筈《やはず》岳で、標高は1257m。この山に早《はい》出《で》川本流から遡行して立ったのは、ある夏の日だった。

水はないが天気もよく、狭い山頂で泊まることにした。仲間3人のうち、ひとりは女性で、彼女を山頂に残し、男性ふたりで矢筈沢の源頭まで水を求めて下りた。

34 ペッタンコ水筒

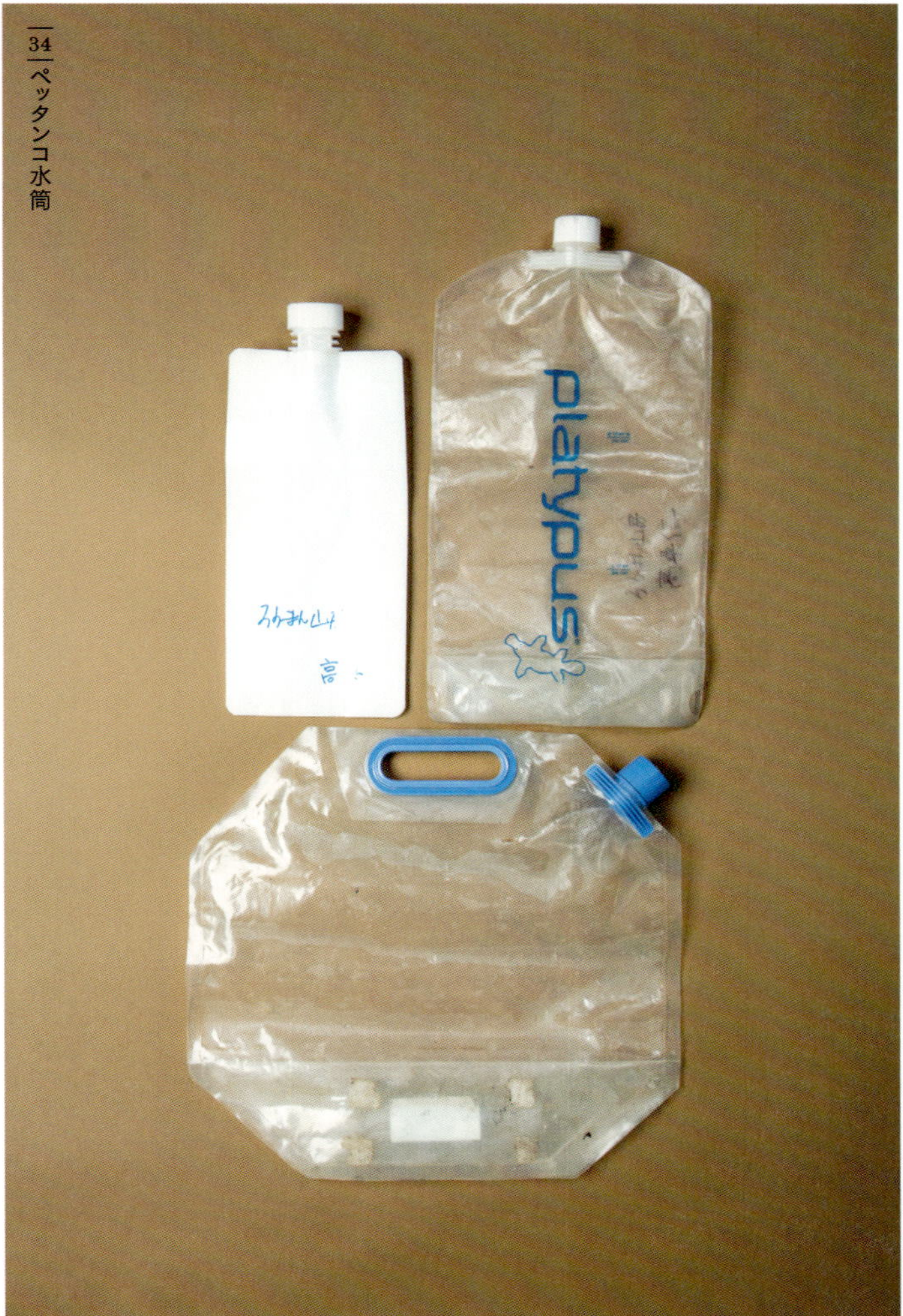

彼方に入道雲が湧き、その雲の中で時折、火花が散り、遠雷が鳴った。
その女性の、私たちを待つ間の心象風景を綴った一文が残されている。

矢筈

ふりかえると緑波打つ美しい渓
この緑の影に
あんなにも
きらびやかな渓が隠されている
地の昏がりから
浮かびあがった
早出の曼荼羅
私は
私の肌だけを纏ってぬかずく
いい風が吹く

しばらく
このままで
このままで

早い話が、彼女は山頂で衣服を脱ぎ捨て、スッポンポンになったのだ。一分の隙もなく川内の風を浴び、矢筈と一体になりたかったがゆえの行動であろうが、まあ、そんな人だった。

水の容器はビリーカン（P148）の大・中と黒いゴミ用のビニール袋で、ビニール袋に詰めた水を口元で縛り、それを収納したビリーカンとの組み合わせは最強であった。ペッタンコ水筒など、まだなかったころのことである。

苦労して背負い上げた水は、暮れなずむ三角点の傍らで炊事をし、ささやかに酒を呑み、あまつさえ小さな焚き火まで楽しんで夜を過ごした私たちに、必要にして充分な量を与えたのだった。

水は持たないが水筒は持つ。それもできるだけ多く。最近は強度があってペッタンコになる水筒が苦もなく手に入る。便利になったものである。

35 蝋燭

闇をやさしく照らす

省電力と耐久性で驚異的に進化し、時代を席巻したかのごときＬＥＤヘッドライトの普及で、ザックの片隅に蝋燭を忍ばせている登山者の数は、限りなく少なくなっているように思う。以前なら節約して点《とも》していたヘッドライトを、長い時間、照明として使えるようになったからだ。ということは、登山用具店からも蝋燭は姿を消しつつあるのではないか。

山の夜の照明に蝋燭を用いた当時、私たちは登山用具店の店頭に並べられた蝋燭を「コンプレックス蝋燭」と呼んだ。わが粗末な持ち物と比べ、はるかに立派だからである。しかし、あれは見掛け倒しにすぎない、というのが、長年コンプレックス蝋燭を愛用してきた私の、偽らざる感想である。コンプレックス蝋燭の欠点は、液垂れしやすく、すぐに形が崩れ、そのため燃焼時間が極端に短くなってしまうと

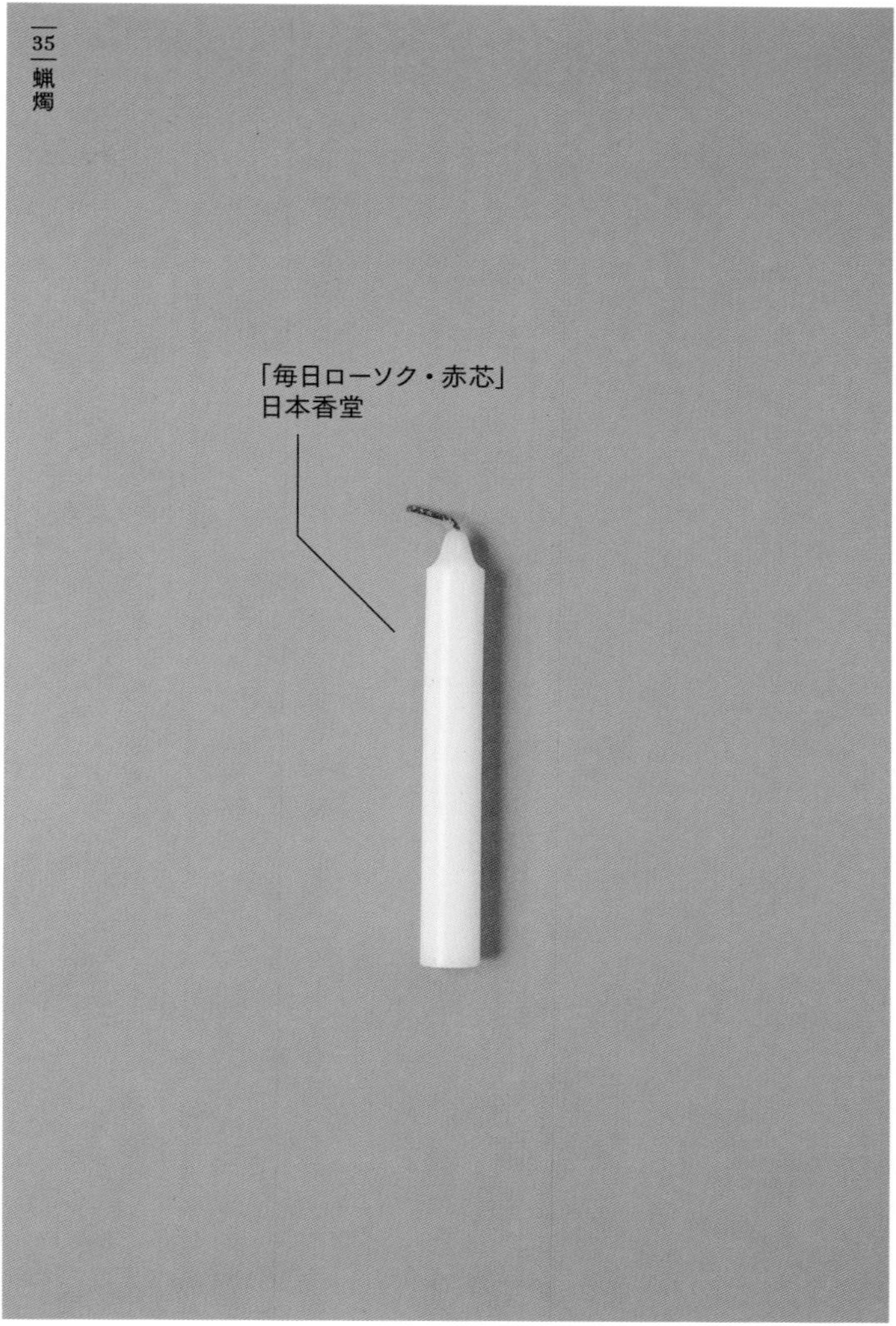
「毎日ローソク・赤芯」
日本香堂

ころにある。見掛け倒しといわれる所以である。

液状になった蝋燭の周囲が強靭なら、決壊による液垂れは防げる道理で、私たちは蝋燭の周囲をアルミ箔で覆ったりするなどの工夫を施して、燃焼時間の延長を図ったものである。

山の世界から蝋燭が姿を消しつつある今、あえてこれを使い続けているのは単なるこだわりにすぎない。デジタル全盛の時代にあって、少しでもアナログの温もりを味わいたいからだ。

その蝋燭を「赤芯」にしているのは、蝋燭が登山用具店で買えなくなったからでは決してない。赤芯は、いわゆる「仏壇用蝋燭」だ。登山という遊びのためとは違って、死者を弔う仏壇を照らし、安くて丈夫で長く燃えるという基本性能を十全に満たさねばならないのだから、初めからものが違うのである。

なかでも日本香堂の赤芯は液垂れせず、長く燃えることで定評がある。太さと長さは号数で決まっており、私が使っているのは15号で18本入り。燃焼時間は3時間30分となっている。焚き火の炎はあるにせよ、その傍らで食事をする私たちにとって、蝋燭の灯火は、かけがえのない温もりなのである。

LEDに押されて消えゆく蝋燭を「渓の守り神」と呼んでみたい

行きつけの店「ジョイフル本田」へ
～300円でお買い物

自宅の近くに巨大スーパーがある。もともとはホームセンターだったが、今や、なんでもありの様相を呈している。

私が越してきた36年前から、すでにこのホームセンターはあった。決して小さくはないホームセンターだったが、拡張に拡張を重ね、今では周辺一帯が、東京ドームをはるかに超える巨大スーパーになってしまった。

茨城県に本拠を構え、関東一円に15店舗（2018年5月現在）を有する「ジョイフル本田」がそれである。ここ幸手《さって》店は5番目に古い。

ジョイフル本田の事業内容をざっと見てみると、本体のホームセンターをはじめ、ガーデンセンター、ペットショップ、エクステリアセンター、庭木庭園センター、ガソリンスタンドと広範で、さらにホームセンターの2階にはクラフトショップと

JOYFUL HONDA
店内入口
P出口

カルチャースクールが併設されており、会社が「ジョイフルタウンと呼んでほしい」と胸を張るのも充分うなずける。おまけに食料品売り場や食堂まであるのだから、それこそ一日いても飽きることがないのである。

近年は病院が大盛況らしい。その主因が、病の治療に加え、家にいてもすることがなく、話し仲間がいて楽しいというのだから考えさせられる話だが、してみると、あらゆるものがそろっていて刺激に満ちたジョイフルタウンに、日参する客がいたとしてもおかしくはない。

以前、ホームセンターの片隅に、井戸の水を汲み上げる手押しポンプを見つけたことがある。いまどきこんなものを買い求める客などいるまいと思ったが、それはおそらく会社のこだわりであり、豊富な品ぞろえで、ないものはないと言わせたいからではないか、と勝手に思ったりしたものだ。

品数が豊富で、しかも安いため、頻繁に足を向けるのも無理からぬことだといえよう。私も、家から近く、ガソリンの値段も地域最安値を謳《うた》っているのだから、便利に利用させてもらっている。

当然ながら、渓の道具のほとんどは、この店で買いそろえたものばかりだ。もしもそれ以外の道具があるとすれば、それはこの店では売られていなかったということにほかならない。

私はそれほどの「ジョイフルオタク」なのである。

＊

そのジョイフル本田で、3000円以内で渓の小物を買いそろえよ、という厳命が下った。

時は夏、欲しいものや買い替えなければならない渓の小物がめじろ押しである。しかし、3000円を出てはならないというのだから難しい。ない知恵を絞って選ぶ必要がある。

若いころは、男のくせに買い物カゴを提げて、スーパーで安いものを求めて買い漁るなど沽券にかかわる、と硬派を気取ったこともあるが、今になってみると、当たり前だが買い物は単純に楽しいと思えるようになっている。

さて、あらゆる店舗でそうだといっていいが、ある日突然、売り場の配置が換わる。季節ものならわからなくもないが、季節を問わず必要な品々まで換わるとなると、探し出すのが骨である。このときも売り場が換わっていた。それでも、ジョイフルオタクの私にとって、配置転換は予想の範囲内だ。どのみち同じ店内なのだから、パターンは読める。

そしてあちらをのぞき、こちらを冷やかしと、まるで市場での買い物のように、フラフラと歩いて目ぼしいものをカゴに入れ、頭の中で金額を計算しては組み直し、オーバーしそうなものを返すべく、さらに売り場を右往左往した結果、厳選したのが次のページの写真の品々である。

真新しいものは、額に巻くバンドタイプの冷却シートで、暑い稜線歩きで活躍してもらおうと思って買ったが、しかしおそらく、どこかに埋もれたままになるだろう。定着するものとしないものは、不思議なことだが、経験しているうちにわかるようになる。

その意味でいえば、メジロ（吸血アブ）よけの腕カバー（P187写真左上）など、これまでいくつも買ったが、満足に残っているのはひとつもない。

かくして、この日の挑戦の結果は2962円という、あっぱれな金額になった。残金38円で買えるのは、21円の玉ねぎ袋1枚がせいぜいであった。

店内はクーラーも効いていて涼しく、おかげで、たっぷり半日遊ばせてもらった。

「似合う?」。ハイ、似合いすぎです

最近購入したペッタンコ水筒

2階へ移動。あっちこっちへフラフラと

日よけ帽子もお似合いです

3000円で買ったもの

最近はプラスチック容器とセットにして使う。壊れずに便利

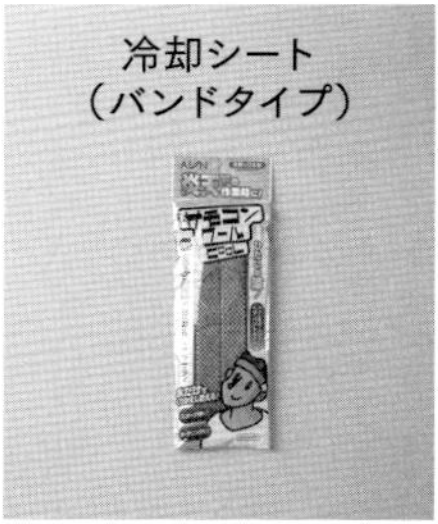

使ったことがないから効果はわからない。使う夏まであればいいが

軽いからいくつも持つ。塗るタイプなので噴霧タイプより長持ちする

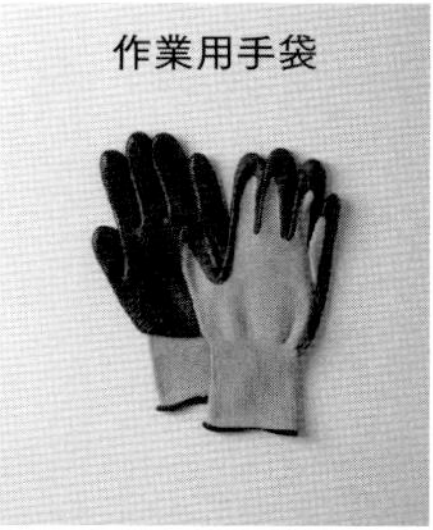

近年の愛用品。300円近いから安いが、前に買ったものよりは高い

4540104201126 JAN #17
ｻﾓｺﾝｸｰﾙ ﾍｱｰﾊﾞﾝﾄﾞﾀｲﾌﾟ ﾌﾞﾙ ¥980
4987115000711 JAN #02
天然除虫菊金鳥の渦巻 10 ¥399
2000006487926 JAN #02
ｼﾞｯﾌﾟﾛｯｸｺﾝﾃﾅ 角型中 1ｺ ¥96
4993659019119 JAN #17
防虫ﾈｯﾄ ｸﾛ 1911 ¥395
4536527540294 JAN #17
ﾆﾄﾛｯｸ ｸﾞﾚｰ Mｻｲｽﾞ N-3050 ¥298
4901080166210 JAN #02
ｻﾗﾃｸﾄﾏｲﾙﾄﾞﾀｯﾁ ¥399
4514019030782 JAN #13
焼網 角 27CM 鉄ｸﾛｰﾑﾒｯｷ ¥198
4947636200632 JAN #17
2006 腕ｶﾊﾞｰ 花柄 18CMX40 ¥99
4905104101553 JAN #13
ｽｰﾊﾟｰ袋L 15P ﾐｯｷｰｱｲｺﾝ ¥98
合計 ¥2.962
(内税 ¥141)

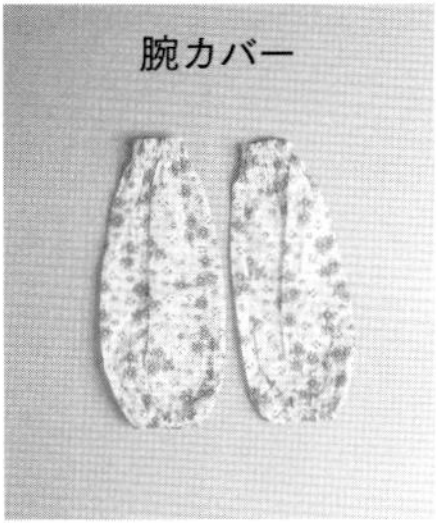

虫よけ用だが本来は農作業用。以前は黒一色だったのに近年はカラフル

これも刺しアブ用に使う。胸までくるタイプ。これで395円はめちゃくちゃ安い

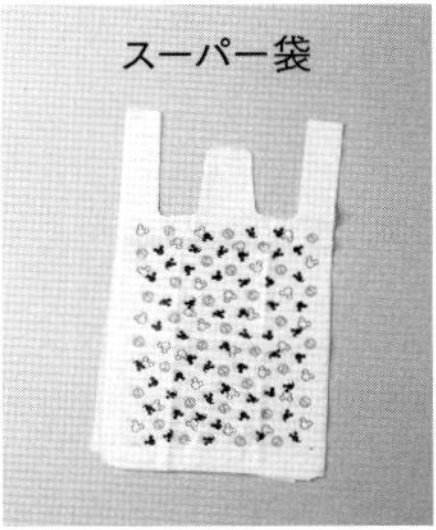

ミッキーの絵柄のスーパー袋。15枚で98円はお得。けっこう重宝する

なにかを焼くより焚き火で鍋を載せる必需品。年に何回かは買い替える

ジョイフル本田幸手店

埼玉県幸手市上高野1258-1
TEL0480-43-3111
(ホームセンター)
営業時間/9:00 ~ 19:30
(不定休)

[マイカー] 圏央道幸手ICから久喜方面に進み、国道4号を左折してすぐ。駐車場あり(約1700台)
[電車] 東武日光線杉戸高野台駅下車、徒歩15分

3章 源流釣り

気づいたら
流れの淵にイワナがいた。
胸に細波が立った。
これは使える。しかし敵は俊敏だ。
あれを取っ捕まえて食うためには
どうすればいいか。
思いは千々に乱れた。
遡行が先か、漁が先か。
ならば、どちらも十全に叶えればいい。
かくして漁は遡行の一部になった。
渓の世界がいっそう深まった気がした。

36 テンカラ竿

テンカラとは

テンカラ釣りは毛ばりを用いる釣りである。

毛ばりは水生昆虫やクモやバッタに似せて作った疑似餌で、鞭のようなラインの先に付けて遠くの目標に飛ばし、本物の餌に見せてイワナを誘うのだから、いわば騙し討ちである。

長く餌釣りをしてきた私だが、近年はテンカラ釣りに転向して久しい。餌釣りをしたのは沢登りの食料調達のためで、イワナがあてにできればその分、下界から持ち上げる食材を軽くすることができるからだった。

日を重ねて渓を彷徨う継続遡行をしなくなって、かなりの歳月がたつ。沢登りより釣りのガイドが多くなってしまえば、食料自給のために必死で釣る機会も徐々に減り、いつしか釣趣に勝るテンカラ釣りに専念するようになった。

この釣りの楽しさは、イワナとのダイナミックな駆け引きによるゲーム性である。疑似餌を本物に見せて釣り上げればこちらの勝ちで、見破られれば負けである。結果にこだわらない勝負をしていると、本物の餌でイワナを釣るほうが、よほど騙し討ちのような後ろめたさを覚えてしまうから不思議なのだが、餌釣りとテンカラ釣りのどちらが釣れるかといえば、それは間違いなく餌釣りである。といって釣れないたびに餌釣りに戻っていたのでは、テンカラ釣りの上達はとうてい望めない。

写真の左の竿は私の餌釣りのもので、長さが6・1mある。この先に1・3mほどの2号の太い糸を付け、大きな鉤《はり》に生きた餌を付ける仕掛けだが、この竿をテンカラ竿と一緒に持つのは予備にしているからだ。もしもテンカラ竿が折れたら、この餌釣りの仕掛けの先に毛ばりをじかに付ければ、餌ならぬ毛ばりの提灯釣りになる。仕掛けの短さを、竿の長さで補おうというのだ。

＊

同じ毛ばりを用いる釣りにフライフィッシングがある。しかし、テンカラ釣りとフライフィッシングは似て非なるものだ。テンカラ釣りは竿とラインと、その先端に結んだ毛ばりがすべてだが、欧米で生まれたフライフィッシングは、長いラインと、それを巻き取るリールという駆動軸が加わる。近くを狙うか遠くまで狙うかの違いにすぎないそれぞれの釣りは、その歴史と精神によって大きく趣を異にする。

フライフィッシングが、キャッチ&リリースというスポーツフィッシングの領域を獲得したのは、人間が自然を自在に操って凌駕し得ると考えた、欧米の精神風土に端を発している。その結果、彼らは多くの種を絶滅に追いやった。その手痛い教訓が、漁期を厳格に定め、釣った魚を流れに戻し、その数と大きさを制限する、フライフィッシングのルールを確立してきた。

その一方で、日本のテンカラ釣りは職漁として成立した過去をもつ。

山中で釣り上げたイワナを近くの温泉宿に卸すことを職業としてきた彼らは、イワナの型をそろえて釣る技術を要求されてきた。そのことが、たくまずしてイワナの適正な間引きになったのではないか、と私は考えている。もちろん、山の幸を獲りきらないという精神風土が、それを支えてきた。

テンカラ釣りとフライフィッシングの本質的な違いがそこにある。

南アルプスの両俣小屋を訪れたとき、目前に髭を生やした初老の男性と、そのご子息らしきフライフィッシャーマンがいて、達者な竿捌《さば》きでイワナを釣っては流れ

36 テンカラ竿

に返していた。

とても素敵な構図で、私は夢中でカメラに収めたのだが、その夜の小屋の夕食で彼らと同席した。

周囲から求められるまま釣りの話題に及んだとき、その髭の紳士が思わず呟いた言葉がある。

「一度でいいから、イワナの刺身が食べてみたいものですね」

その瞬間、私は思わずテーブルを引っくり返しそうになった。

「だったら、さっき釣ったイワナをリリースせずに、キープして食っちまえばよかったじゃねぇか！」

無論、口に出したわけではない。

沢登りの友であった私の釣りは、食料調達のための漁であると豪語したものだが、いまやその片鱗は微塵もない。

これでテンカラ釣りの奥義に目覚めてしまったら、まったく違う世界が見えてくるのではないか。つまり私は釣りが好きなのだ。もはや漁ではないにせよ、釣りへの熱は、まだまだ冷めそうにない。

東北の沢で釣り上げた良型のイワナ。これで尺はある

37 和竿

いつ使う？

病で斃《たお》れた友人に、鈴木竿山（※）がいる。

雅号でも知れるが、山男でありながら、釣りもひたむきに愛した。

肺にがんが見つかり、厳しい山行はできなくなったという彼と、山形の庄内地方のやさしい渓を歩いたことがある。

田の畔道から鳥海山が見える夏の日だった。源流釣りでは知られた男で、小気味よい竿捌きで数尾のイワナを流れから抜き上げてみせた。夏空を切り裂いて優美なラインが宙を舞い、飛沫を散らした。その竿が和竿だったのを覚えている。

有名な竿師の作だというその竿は、彼の柩に納められて、ともに旅立った。

釣り雑誌の編集者から和竿を買わないかと勧められ、躊躇せず応じたのは、鈴木竿山の記憶があったからだ。

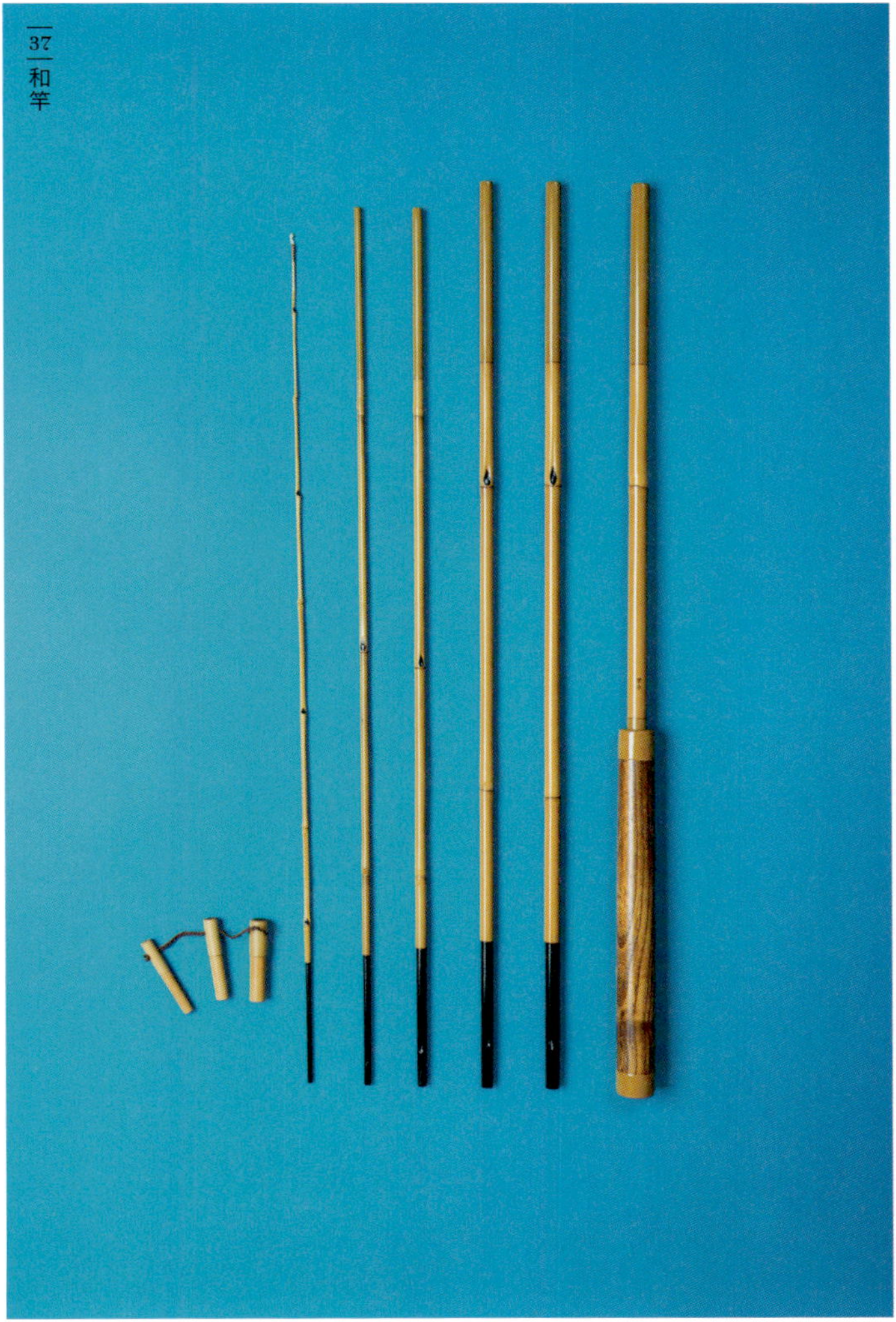

和竿は、江戸時代から伝わる精妙な釣り竿だ。長い一本の竿を述べ竿というが、多くは持ち運びに便利なように、短い竿を何本も継いで一本にする。

それぞれの竿は呼び名も違い、要求される部位の性能によって、矢竹や大名竹など、使われる竹もさまざまだ。

それらの竹を乾燥させ、火で曲がりを直し、節を抜き、継ぎの部分に絹糸を巻いて漆を塗る。その膨大な手間と技術と竿師の情熱が込められているのが和竿なのだ。

和竿の魅力は、工芸の域まで高められた美しさと、しなやかな剛性である。カーボンなどの合成のテンカラ竿は、竿とラインのバランスが合わないと、きれいに飛んではくれないが、和竿は多少のバランスの悪さをものともせず、美しい弧を描く。イワナが釣れたときもそうで、手からラインへの釣り手の意志を、見事に伝えてくれるのが和竿のよさだ。

しかし、和竿を源流に背負っていくのは難しい。仕舞寸法が長くてヤブこぎの邪魔になるし、平場ならいいが、登攀や高巻きではいちいちしまわねばならない面倒があるからだ。つまり、竿が活躍の場を選ぶことになる。だから、この竿の出番と本領はのびやかな渓に限られ、いつもはひっそりと押入れの片隅にしまわれている。

ちなみに私の竿は、江戸和竿の将来を担うといわれている若き竿師、「竿中《さおなか》」の中台泰夫の作である。

※すずき・かんざん　1949年、秋田県生まれ。登山と渓流釣りを愛するがゆえに雅号を竿山と称する。本名、悟。テンカラ釣りの名手で、山岳会で活動する傍ら、各地の渓流に赴いて釣行記を残す。99年4月病没、享年48歳。「山旅の会」代表。

38 ライン

貢ぎ物1

テンカラ釣りにはラインが重要な位置を占める。ラインは、竿と同じくらいの長さから倍以上の長さにも及ぶ。竿とラインのコンビネーションによって、遠く離れた流れのイワナを狙えるからだ。

イワナは極めて臆病な魚で、釣り人の影を感じただけで岩陰に隠れてしまい、その日は釣りにならないといわれるほどだが、気配さえ悟られなければ、俊敏に、かつ大胆に毛ばりを追う。したがって、狙うポイントから遠く離れて竿を振るほど、イワナにこちらの姿を見られる確率が低くなる。テンカラ釣りに長じた釣り人ほど、ラインを長くしようとするのはそのためだ。

テンカラのラインには2種がある。「テーパーライン」と「レベルライン」だ。レベルラインは太さが一定で、剛性に優れたフロロカーボンが主流だ。

38 ライン

仲間のひとりが、このラインの名手で、釣りに際して、立ち木に一方を固定してラインを引っ張ることでフロロカーボンの巻き癖をとるのだが、その仕種がかっこよくて、密かにラインを自作して釣ってみたのだが、私にはなじめなかった。

レベルラインに対してテーパーラインは、先へ行くにつれて細くなるラインで、鞭のようにしなって、ふわりとポイントに落ちる。その美しさに魅かれた。

テーパーラインの自作は難しいが、その道の大家として知られる瀬畑雄三に「使うならあげるよ」と言われて図々しくいただき、近年はテンカラ釣りの師匠と仰ぐ茨城の下山田康夫さんが、手製のラインを提供してくださる。

いずれもテンカラ釣りの大家だから長大なラインが多く、長短取り混ぜていただくラインの、どれが自分に合うのか見当もつかないまま、適当に選んで使っていたのだが、ようやく昨年の禁漁間近、これだ！と思うラインを探し当てた。

しかし、時すでに遅く、ようやく手ごたえをつかんだかに思えたころには禁漁に突入していた。しかも一本しかないそのラインは、あえなく頭上の木の枝に奪い取られてしまったのだ。私の嘆きを聞いて「シーズンまでにはなんとかするよ」と慰める下山田さんの言葉を信じて、私は巡り来る春を待つのである。

浮いた毛ばりに飛び付くイワナを、すかさず合わせる快感

39 毛ばり

貢ぎ物2

私は手先が器用だと思っている。事実、大工道具を使って木工をやるし、小物も作る。だから毛ばりを見たときも、なんのこれしき、と思ったが、テンカラ釣りを始めてこの方、たったひとつの毛ばりも巻こうとせず釣りをしているのはなぜなのかは、いまだにわからない。

市販品の毛ばりは渓流釣り、つまり中流の釣りに向いた小さなもので、源流用の毛ばりはあまり売られていない。それは需要が少ないからで、無理もないのだが、あの小ぶりの毛ばりは、やっぱり趣に欠けるのだ。

もっとゴツくて美しく、視力の衰えた私にもよく見えて、ガバッと水面を割って毛ばりを銜《くわ》える感動を味わわせてくれるようなやつがいい。そんな毛ばりがないのなら、よしっ、俺が作ってやるか、と奮い立ったかもしれない。

39 毛ばり

しかし、喜ぶべきか悲しむべきか、そんな理想的な毛ばりが身近にあった。ピンソール（P22）の竹濱社長やライン（P200）を提供してくれる下山田さんは、私が勝手に師事している釣りの師匠だが、器用というより芸術品と呼んでいい毛ばりを巻くのである。彼らがシーズンオフに丹精を込めて巻いた毛ばりを、臆面もなくいただくという関係になって、かなりの歳月がたつ。

沈ませて釣る毛ばりもあるが、水面に浮かせてイワナを誘う毛ばりが、彼らの共通の巻き方だというのも、私が気に入った理由である。それは餌付けをされた動物の条件反射のようなもので、今や彼らの毛ばりなくして私の源流の釣りはあり得ない、とまで思うようになった。まるでマタタビの魔力から逃れられない猫になった気分である。これでは、私が毛ばりを巻く日が、本当に来るのだろうか。

目前に理想の毛ばりがあれば、それでいいではないか、と思う私がいる。若い時分から、明日でいいなら明日やればいいという、あっぱれな性格だったから、このまま、おんぶに抱っこで歳月を重ねるのかもしれない。

老眼で手許が見えなくなってから毛ばりを巻くのもあまりに情けないので、真似事をしてみようかとも思うが、おそらく、不言不実行で終わるのが関の山である。

毛ばりを提供してくれる竹濱社長と、魚影の濃い渓で竿を振る

40 書籍

私の師匠

毛ばり釣りに転向する前は餌釣りだった。それも6・2mの竿に1・3mの2号通しの糸を結び、10号の鈎を付けただけの仕掛けで、錘も目印も一切ない。これで釣れるのか、と初めは思った。しかし、その後20年にわたってこの仕掛けで釣ってきたのだから、どれほど強力な釣りかがわかるだろう。

要約すればこの釣りは、水面のイワナだけを釣るのである。錘がないから根がかりせず、糸が太くて短いから木の枝にも引っかからない。

なにより優れているのは、遡行に支障を与えないことで、ポイントの水面を一度か二度、ほとんど歩みを止めないで流すだけでいい。まさに沢登りのためにあるような仕掛けだった。

もちろん、私が考案したものではない。先人の教えを忠実に再現しただけである。

『東北の温泉と渓流』
阿部 武／つり人社

すでに他界して久しいが、阿部武(※)の書いた『東北の温泉と渓流』という本がそれである。味も素っ気もないタイトルだ。それに反して文章は味も素っ気もあるのだが、まったく無駄がない。あまりに無駄がなさすぎて、禅問答のようでさえある。

たとえば次のような記述がある。

――川の流れで産卵するのは恋愛のようなもので、多くのイワナは、川の下の地下水で産卵する――

あるいは、

――イワナは釣ってやらなければ増えない。したがって、川に出ているイワナは、残らず釣って良い――

つまり、これは「川の下にも川があり、川の横にも川がある」という、彼の持論に基づく教えだ。事実、見えている流れが川のすべてではあるまい。流れの破綻を防ぎ、支えている、見えざる川の存在がなければならない。

そして阿部は、イワナの生活の本拠地は、その暗黒の地下の流れにあるというのだ。これは、それまでの渓流釣りの本などには決して書かれなかった、逆説的な主張であった。

本書は東北各地の温泉と周辺の渓流釣り場の紹介だが、それは3分の1にすぎず、残りはすべて阿部 武の独創的な渓流釣りの解説に費やされている。

この本を舐めるようにして繰り返し読んだ私は、テンカラ釣りに転向した今も密かに、「阿部 武の弟子」を自任しているのである。

※あべ・たけし 1913年生まれ。没年は不明。文化学院文学部卒。東京新聞記者を務めたあと、吾妻山麓の高湯温泉で食堂を営む傍ら、東北全県の渓流を探訪する。イワナの生態や釣り方に独自の理論を展開した。

41　玉ねぎ袋

イワナも蕎麦も

イワナ釣りを覚えると買いたくなるのが、たも網だ。釣ったイワナを流れからごぼう抜きにすると、暴れて糸が切れたりするから、流れの岸で水中に網を入れて獲り込むためのものだ。

もちろん釣れなければ用はないが、釣るつもりで竿を出すのだから網は必要、というのが釣り人の論法で、単なる男の道具好きにすぎないともいえる。その証拠に、木製の手作り品などは、数万円から天井知らずである。

これをわれら遡行者は、さまざまな用途に使えないかと考え始める。しかし、せいぜい川虫を採るか蕎麦を冷やすくらいにしか使いようがない。

あとは軽量化と代用の工夫で、私がしばらく愛用したのは補虫網だった。長い柄を短く切れば形はたも網そのもので、なにより500円程度で買えるから安い。ザ

41 玉ねぎ袋

ックの背中にしまえば携行にも便利である。

そのうち餌釣りからテンカラ釣りに替えたから、川虫を採る必要がなくなった。いつも竿を出しているわけではないから、たも網もザックにしまったままだ。テンカララインは丈夫だから切れる心配もない。かくして、わがたも網は、蕎麦を冷やすためだけの情けない代物になった。

となれば、たも網でなくてもいいのである。なにかないかと思って見つけたのが、玉ねぎ用の収納袋だった。値段が、10枚入りでわずか税込み200円。捕虫網より安い。

この玉ねぎ袋の優れた活用法は、もちろん蕎麦も冷やせるが、イワナの活かし魚《び》籠《く》である。釣ったイワナをこれに入れて口ひもにスリングをつなぎ、腰から下げておけば、イワナは水中にいて元気に泳いでいる。

しかし、そのまま行動するとイワナにとっては地獄である。水圧に抗して引かれ、空中に上げ下げされて弱るから長時間は使えない。何事もほどほどという教訓がここにもある。

イワナを生かしておくが、運搬に用いるのは危険

42 おろし金

特に必要はないけれど

おろし金は、なくても痛痒を感じないが、あればあったで便利な小物だ。

おろし金を必要とする食材といえば、ワサビやショウガの類だが、近年は品質が向上して、チューブに入ったワサビやニンニクや辛子には違和感を覚えなくなった。しかし、ことショウガとなると話は別で、どうにも私は、チューブのショウガにはなじめない。人工的な味がするのである。あれは石油製品なのではないかと思う。

いつだったか呑み屋でイカの丸焼きを頼んだとき、添えられていたショウガがチューブのそれであった。「こんなものが食えるか！」。私の血相に怖れをなした店のスタッフが、すりおろしたショウガの小皿を運んできて事なきを得たものだった。

山で出会う食材に野生のワサビがある。この出会いは無上の悦びで、いそいそとおろし金を取り出すが、山麓には栽培のワサビ田というのがあるから気をつけなけ

42 おろし金

ればならない。ショウガももちろん、山では得られない食材である。けれど、ワサビとはまた別の、爽やかな風合いが私を魅了する。だから私のザックの食材袋には、いつもショウガの欠片が入っている。

イワナの刺身に添えるのはワサビでいいが、たたきやなめろうを食べるときの薬味はショウガに勝るものはない。イワナのたたきは、刺身に飽きたときの秘蔵の逸品である。ネギと大葉、ミョウガとショウガという薬味の共演が、イワナの野性を引き立てて絶妙の風味を醸し出すのであるが、そのときにショウガをすりおろすおろし金がないとなれば、これは画竜点睛を欠く。

これまでは百円ショップの製品を使っていた。しかしこの品物は一長一短で、摩擦面がやたらに小さいか、あるいはむやみに大きいのである。こだわり人間である私にとって、これは許せなかった。そこで、近所のホームセンター「ジョイフル本田」(P180)に走って探し出したのが、銅製で美しい品位を保つ件《くだん》のおろし金だった。これでなんと、1000円を切る。

しかし、ここまで能書きを書いておきながら、食材によっては、河原に転がっている小石でもおろし金と同じ使い方ができると思いついて、愕然としている。

イワナのたたき。イワナに加えて、数々の薬味の共演がおいしさの源

43 ナイフコレクション

男の武器2

はるかな昔、男たちは猟をして家族を養ってきた。その名残りが弓矢であり、ナイフであり、銃であった。武器と呼ぶべきそれらの品々は、男にとって、今も微細に残る野性の証明だが、銃や弓矢はすでに触れることもかなわず(※)、わずかに残された刃物を携えて勇躍渓に分け入った私は、見事に鋸(P110)によって撃破されてしまった。

初めて手に入れたのが鉈だった。渓には鉈が欠かせないだろうと無邪気に信じたからだ。

秋田の五城目《ごじょうめ》の鍛冶屋が打った剣先鉈(写真左)を手に入れ、意気揚々と腰に下げて渓を歩いた。しかし私は猟師ではない。獲物と戦い、あるいは勝ち取った獲物を解体するための剣先鉈は、ただ重いだけの無用の長物だった。

又鬼山刀

百歩譲って、研ぎに研いだ鉈ならイワナを捌けるが、ナイフがあれば用は足りる。鉈が使えたのは、わずかに道刈りのヤブを払うのがせいぜいだった。遡行の行く手を閉ざすササヤブを刈ったりもしたが、鉈を振っている暇があったら、地道に両手でかき分けたほうが、よほど早いのだ。

おそらく、最も出番が多く、使い勝手のいいのがナイフである。山菜やキノコを調理し、イワナを捌く。さらに木の枝を切って先を尖らせ、塩焼きの串を削ったりもする。現代の野性の証明など、私のような野遊びをする人間にしてその程度のことである。

私のナイフは、宇都宮渓遊会の山本諦治さんからいただいたものだ。よく切れるうえに、滅多に研がなくても切れ味が落ちない。柄に穴の開いた軽量タイプと、ひもを巻いた2本をいただいて、交互に研いで使っている。

真ん中の小ぶりな鉈は渓で拾った。「又鬼山刀《またぎながさ》」の銘があるが、秋田の阿仁、西根鍛冶三代目・西根正剛《まさたけ》の作品であることは間違いない。刃渡りが16㎝。長く水中にあったためか、かすかな錆が出ているのは惜しいが、マタギ鍛冶で知られた西根正剛の逸品である。

氏は先年亡くなられたが、身内の西根 登氏が四代目を継いだと聞く。

この叉鬼山刀を見つけたのは私ではなく、同行していた女性なのだが、刃物は持ち主を選ぶのだと言って取り上げた。さほど重くはないので、渓のお守りとしてザックに忍ばせている。

※その後、2016年に狩猟免許を取得して銃猟を始める。現在も続いている雑誌の狩猟取材の過程で、ミイラ取りがミイラになった。2シーズン目にしてイノシシを1頭捕獲したが、敵も必死だから、なかなか思うようにはいかない、というのが実感である。

釣ったら食べる

かつて、私のイワナ釣りは漁であった。だから食べるために釣り、釣ったら余すところなく食べた。

漁は男の本能で、初めはベースキャンプの傍らで群れていた婚姻色のウグイを大量に手づかみしたが、思うほど旨くはなく、すぐにやめた。

山岳会でモーターボートを購入して奥利根湖を渡り、定着合宿をしたのは初期のころだった。食糧は下界から持ち上げるものだと信じていたが、山菜を目にして鱗が落ちた。山で遊ぶのなら山のものを食べて過ごしたい。山の幸を献立に加えればザックも軽くて済む。

やがて山菜にキノコとイワナが加わり、おかげで山の食事のレパートリーは増え、ザックも軽くなった。そしてイワナを自分で捌き、料理を楽しむ術も覚えた。しかし、それだけでは源流の釣り人となんら変わらない。私たちは遡行者である。釣り

は楽しいが、夢中になると遡行に支障をきたし、本末転倒になる。

その兼ね合いが難しい。

食べる分しか釣らない。腕で釣ろうと思わず場所で釣れ。同じ場所で粘るな。竿を出してもいいが遡行のスピードを落とすな。

仲間たちにも言ったが、半ば自戒である。

だから多くの場合、幕場に着いてから竿を出した。それで充分、食べる分のイワナが釣れた。

新鮮なイワナの刺身やたたきは、酒のつまみとしてはおいしいが、メインの献立にはなりにくい。

減らしたザックの食料をイワナで充当し、いかにして遡行の疲れを取り、動物性たんぱく質の補給をし、明日の活力につながるメインの献立足り得るか。

さらに、ささやかな酒の友としてのイワナ料理も欲しかった。

さほど食べられなくなった近年はさておき、目が血走るほど腹の減っていたその当時、真剣勝負の遡行を支える料理を作るのは、必死であると同時に、なによりの充実だったのである。

イワナの皮を剥く

石で頭を叩いてもいいが、ナイフの背で野締めしてもいい

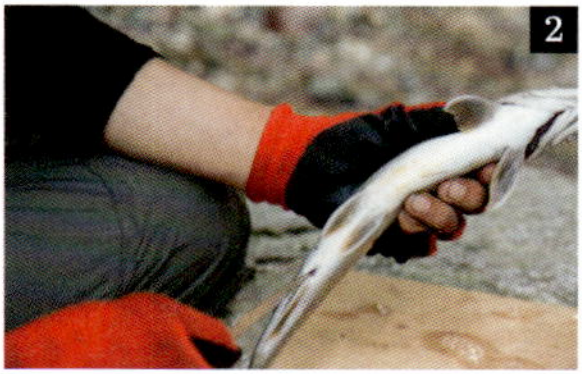

イワナの背を持つ。指はどう置いてもいいが、ナイフとの兼ね合いを思えばヒレの下がいいだろう

ナイフの刃を上にして、肛門からあごの下に向かって切っていく

エラに指を入れて広げ、ナイフをエラのあごに近いところからくぐらせて切る

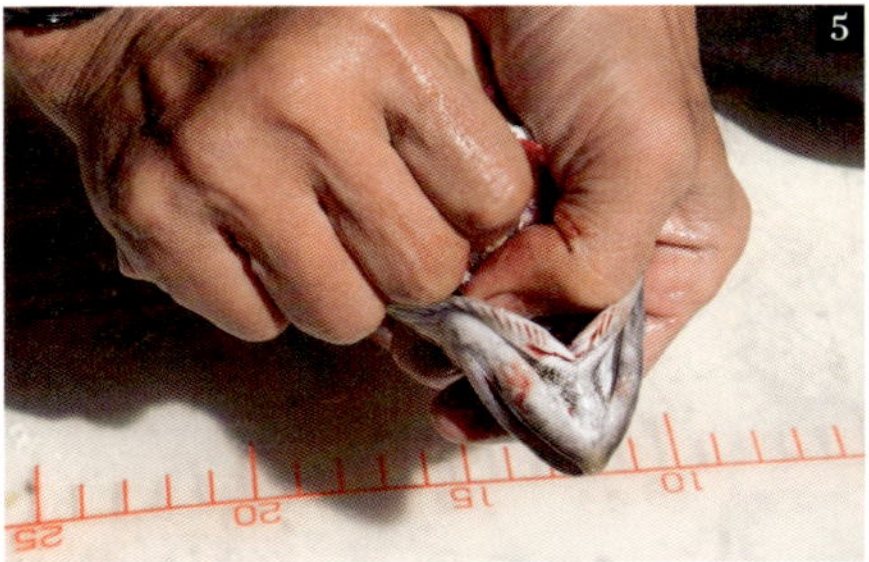

切ったエラは食道とつながっているので、左手で頭を押さえ、右手でむしり取る

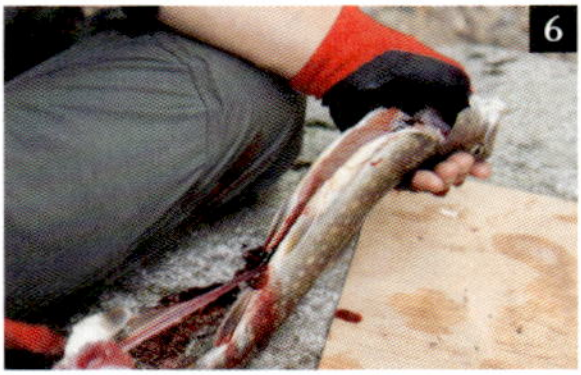

うまくむくとエラも同時に取れるから、そのまま内臓と一緒に肛門まで引き抜く

指でこすって粘膜を剝がし、水に晒して丁寧に血合いを抜く。水で洗っていいのはここまで

頭部の後ろにナイフを入れる。肉にかぶってもいいが、基本的には皮一枚にナイフを入れる

反対側も同じように
切れ目を入れると、
ほぼ一周になる

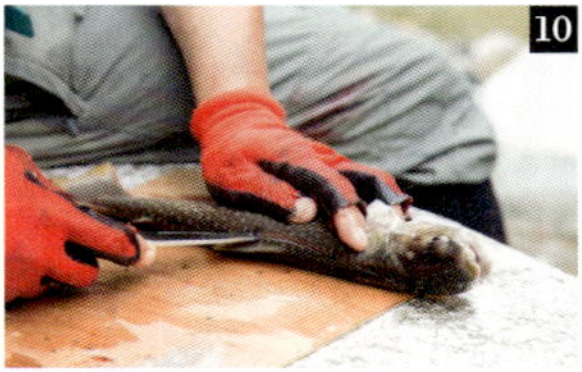

頭部の後ろに入れた切れ込みの背中
の部分にナイフを入れ、そのまま尾
ビレまで皮に切れ込みを入れていく

頭の後ろに入れた皮の切れ込みの一
端を歯でくわえる

イワナの体を手で支
えながら、尾ビレに
向かって皮を剝いで
いく。反対側の皮も
同様に行なう

三枚におろす

背骨に沿って、骨と左右の身を三枚におろす。頭からでもいいし、尾からでもいい

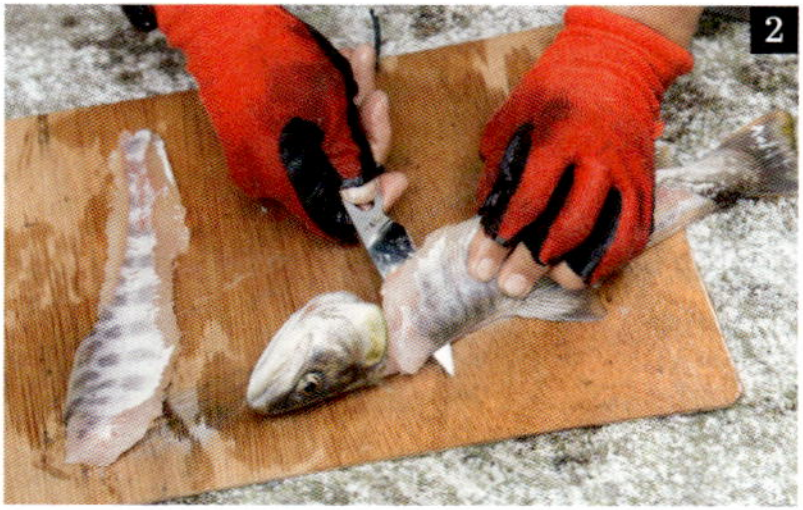

同じように、反対側の身もおろしていく

おまけ

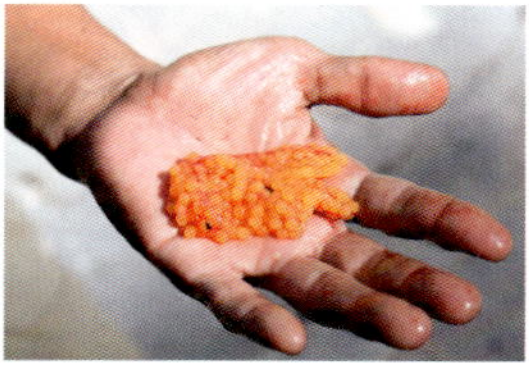

魚卵

イワナの卵は、酒と醤油に漬けておいていただく。ご飯に乗せてもよい

腹骨を削ぐ。これをきちんとやらないと、食べるときに小骨が口に残る

完成。頭と骨は、素揚げにしてもいいし、骨は焚き火で燻製にしてもいいし、骨せんべいも旨い

珍味「イワナの胃袋」

イワナの胃袋は、モツでいうガツだ。一尾で一個しかない貴重な部位。きれいに洗って串に差し、塩焼きするが、ショウガやニンニクで味付けしてもよい

刺身

皮を剥いて三枚におろしたイワナを、食べやすい大きさに切って盛り付ける。まな板の上にフキの葉を乗せ、その上に並べるのが定番。春はギボウシの葉を使うと彩りがいい。残した頭と骨と尾を添えると尾頭付きになる。器に醤油とワサビを溶かしていただく。釣りたての極上の逸品。

麗らかな日を浴びて、イワナの刺身を賞味する

たたき

最初からたたきを作るつもりで薬味を持参する。薬味は、ネギ・大葉・ニンニク・ミョウガ・ショウガなど。皮を剥いて三枚におろしたイワナを細かく切り、刻んだ薬味を合わせて、醤油で味を調える。ユズやスダチがあれば風味が増す。なければレモンでもいい。

まな板の上で薬味を刻む。薬味は多いほうがおいしい

蒲焼き丼

釣ったイワナを新鮮に運ぶために考え出された究極料理。イワナの皮を剥かずに三枚におろし、適当な大きさに切ってビニール袋に入れ、市販の蒲焼きのタレとスライスしたニンニクを入れて漬け込む。タレの染み込んだイワナをゴマ油で炒める。ヅケ丼のタレを使えばヅケ丼もできる。

ビニール袋で蒲焼きのタレとニンニクとイワナをなじませる

イワナ寿司

イワナ寿司には市販の「すしのこ」を使う。とてもおいしいが技が必要。釣ったイワナが新鮮なうちに酢飯を用意するタイミングが難しい。稲荷寿司は彩りで、イワナが釣れなかったとき用の補欠でもある。大雑把に握ったほうが野性的でいい。握ったご飯にワサビと切り身を乗せて完成。

塩焼きの運命

もはや信念にも等しいが、私は滅多なことではイワナの塩焼きはしないと決めている。

食の世界には「たかが塩焼き、されど塩焼き」という格言がある。

それほど塩焼きは奥が深い。

料理人の格言にしてそうなのだから、ただの呑兵衛にすぎない私が塩焼きに手を染めていいはずがない。

だが、心を添わせてもいい存在がそこにいて、ぜひにと所望されればその限りではない。

たとえば匂い立つようなうら若き女性に、くぐもるような声で「イワナの塩焼きが食べてみたい」と言われたら、私は一抹の疑念を覚えながらも、一滴の酒も口に含まず塩焼きに専念するであろう。

それを、爺の戯言と言ってはならない。イワナの塩焼きの大敵は酒なのである。イワナの塩焼きに要する時間はおおむね80分。焚き火の熱量は一定ではないから小まめに調整する必要がある。外はパリッと、中をジューシーに焼き上げるためには一瞬の油断も許されない。酒を呑んでいる暇などあろうはずがないのだ。

その80分を、むくつけき野郎どものために捧げるのは、私の信義にもとる。それでもたまに騙されて、その気になる。

イワナのお腹まで塩をすり込み、飾り塩まで施して炎にかざす。

海背川腹だから、お腹に火を通して背中に換え、さらに両面を炙る間、酒を口にしてはならない。

しかし焚き火の傍らで両手を胸元に組み、私の瞳を見つめながら、息をひそめてイワナの焼き上がりを待つ女性がいるわけではない。

いつしか酒に溺れて、はっと気づけば、イワナは討ち死にした武者のように無念の表情を浮かべてバタバタと倒れ、焚き火もまた、勢いを失って消えかかっている。惨めな塩焼きを呆然と見つめ、熾火に薪を投げ入れて、冷めた酒に手を伸ばす。

私の塩焼きの、いつもの結末である。

骨酒は二級酒で

骨酒《こつ》って、高級なイメージをもっていませんか？　おそらくアユの骨酒やフグのヒレ酒の影響だろうが、呑み屋で出てくるイワナの骨酒も、なにやら高級そうなコップに入って結構なお値段だ。店のほうも骨酒のなんたるかを知らないからだ。知っているほうがおかしいよね。本場のイワナの骨酒なんて呑んだことがないんだから。

本場はどこだって？

それは渓でしょう。俺なんか、40年も前から呑んでいるんだし。

そのころの風説があって、火傷しそうな熱燗に、生きたイワナを入れてエキスを出し、その酒を呑むのが正しい骨酒なんだそうな。しかし、さすがにこれは旨そうではないので、いまだにやったことはない。

生のイワナを入れたみそ汁をイワナ汁だと言って食べるのが釣り人の常だが、私は嫌だった。それなら、焼いたイワナを入れたほうがよっぽどましだ。

そもそも骨酒は、宴会のための呑み物だ。「一気、一気！」とか「それいけえ！」とかいうアレだ。皆で回し呑みするために骨酒はある。だから高級な酒では旨味が出ない。あれは二級酒に限るのである。

旨い骨酒にする秘訣はふたつ。

ひとつは塩焼きにしないこと。焼くなというのではない。塩を振るとイワナが甘くなる。その塩が酒に溶けてベタベタになり、とても呑めたものではない。

ふたつめは骨酒を小分けにしないことだ。素焼きにしたイワナを、なるべく大きな器に入れ、安酒の熱燗を注ぐ。三枚におろした骨の燻製でもいい。

待つことしばし。イワナのエキスが溶けて渾然一体となった頃合いを見計らって、偉いやつから口を付け、順次回せばいい。2順目、3順目と続くうちに、安酒が馥《ふく》郁《いく》としたイワナの香りを醸し出すから、あら不思議。とても二級酒とは思えないマジックだ。呑むほどに、酔うほどに、という宴会の規範がここにある。

しかし、今の若者が、このような酒の呑み方をするはずもなく、まして骨酒のための日本酒がザックの底にしまわれていることなど、ゆめゆめ考えてはなるまい。骨酒は、消えゆく渓の文化なのかもしれない。

飯炊きは愛情

2013年の夏、九州は天草の陶工の取材をしたときのことだ。工房の傍らの、江戸時代後期に建てられた築150年の古民家に3泊させてもらったが、広い土間の隅に古い煉瓦積みの竈《かまど》と羽釜があった。

仕事柄、多くの客が訪れるが、薪に不自由はしないから、その羽釜でご飯を炊いて、もてなすのだという。水加減を確かめて羽釜を竈にかけてから「所用で出ますが、あとはお願いしていいですか」と言って陶工は席を外した。

程なくして帰ってきた彼は、羽釜を開けて驚いたような顔をした。その炊き加減の完璧さに、である。

ここを訪れる客の多くが、自分でやってみたいと言うが、大方は生煮えにしてしまうらしい。火の付け方と薪の燃やし方を知らないのだ。まあ、いつもやっていることだから、と私は素知らぬふうを装ったが、内心では鼻高々だった。

私は飯の炊き方にはうるさい。そもそも年季が違う。数えきれないほどの渓の夜を過ごしているのだ。まあ、それでうまくならないほうが不思議でもあるのだが。焚き火で飯を炊くときに気をつけるべきは、水加減と火加減である。幕場に着いて、タープを張って薪を集めるのと同時に米を研ぎ、水の量を決めてしばらく置く。研ぎ方なんてどうでもいいが、大事なのは水の量だ。私の場合は米と同量の水を注いでから、そこに「愛情」という名の少量の水を加える。ここでいう米と同量の水は、厳密でなくてもいい。大胆に言えば、多い分にはかまわない。水を少なくして真っ黒焦げにしたくないだけだ。

炊いている途中で多いと思ったら、鍋の蓋を開けて湯を減らせばいい。それでも充分、旨い飯になる。野遊び作法なんて、そんなものだ。

火加減は、焚き火の熱を均等に当てるために、小まめに45度ずつ回転させ、噴き終えたら火から外し、焚き火のそばでしばらく蒸らせばおおむね25分で炊き上がる。

ハードな遡行をしていたころは飯が先だった。呑みたいだけ酒がないからだ。満腹になってしまえば酒が進まない。いじましいともいえるが、涙ぐましいともいえる。しかし今は逆で、呑めても食えない。うれしくもあるが、悲しくもある。

暑い日こそ冷やし中華

渓の昼は麺類と決めている。水が使えるからである。もちろん、いつでも水が使えるとは限らないから、行動食は別に持つ。

麺は、素麺やうどんや蕎麦や冷やし中華が主なもので、それらを、季節や天気に応じて変化させる。

冷やし中華を晴れた日専用にするのは、これぞ冷やし中華日和だろうと声高らかに言いたいからだが、冷やし中華は潰しが利かないからでもあって、寒い季節はこれを持たない。

それに引きかえ、うどんや蕎麦は、暑ければ冷たい汁で、寒ければ温かくして食べられるという、寒暖自在の便利さがある。

黒部の渓から山稜をめざしたとき、流れの傍らで素麺を茹でた。暑い日で、茹であがった麺を沢水でキリリと冷やそうとしたら、同行の女性編集者が、やおら麦わら帽子を脱いで、麺をそれにあけて水に浸した。

それを見ていた若いライターが私に小声で「あーあ、また彼女の悪い癖が出た。食べるのは自分ひとりじゃないんだから、少しは考えればいいのに」と辛辣に言う。しかし私は大人だから少しも動ぜず、「まあ、若い女性のエキスが入ると思えば、それもいいでしょう」と返した。

事実、私は一向にかまわなかった。むしろ、新鮮な感動さえあった。まさか帽子を網代わりにするとは思ってもいなかったからだ。

極上に仕上がった素麺を食べながら、しかし女性は得だな、と思う。

これが私の仲間なら怒鳴り散らしていただろう。あいつらの帽子で冷やした麺など、食えるはずがない。

麺の上に乗せるのは、水に晒して辛味を取った玉ねぎのスライスだけである。冷やし中華に魅かれながら手を出しかねるのは、各種の添え物の用意が面倒だからだ。しかしながら、麺だけではなんとも味気ない。

具材が玉ねぎだけになったのは、料理好きな会員が考案したからで、以来、これが定番になった。

塩じゃけは大辛で

塩じゃけにこだわるのは年代であろうかと思う。私たちが小さいころに食べた塩じゃけは、塩に埋もれた切り身で、ただただしょっぱい記憶しかなかった。

近年は、体に悪いとかで甘塩が主流になったが、あれは私に言わせれば塩じゃけではない。塩じゃけの王道は、大辛なのだ。

塩が甘くなれば鮭本来の味が問われることになる。好きなのは紅じゃけで、確かに旨いが、甘塩には不満が残る。幼いころの刷り込みが、塩じゃけは、口が曲がるほどしょっぱくなければならないと思わせるのだ。だから無理をしてでも「大辛」を買ってしまうのだが、誰かに聞いた説が不審を生んだ。

塩じゃけは初期の工程で、すべて大辛にするのだそうで、それから徐々に塩を抜いて、中辛や甘塩にするというのである。

ならば工程の少ない大辛が安くていいはずなのに、いちばん高いのはなぜなのか。

まあ、それはいい。大辛が買えるなら文句は言うまい。

渓に入ると、必ず一日は朝食を塩じゃけにする。もちろん大辛だ。それだけではこのふたつは家で焼いて持参する。焼くのはもちろん私で、誰にも触らせない。この焼いている時間がなんとも愛おしく、これから渓に向かう昂揚をもたらすのだから、私もかわいいものだ。

渓では、アルミホイルに包まれた塩じゃけとタラコを、さっと炙って白飯に乗せる。その味わいときたらあなた、これぞ正しき日本の朝食の風情である。

それを見ていた仲間の料理人の石井が、ちゃっかり流用した。いや、正確には提案だ。少し多めに塩じゃけとタラコを持参して、昼の弁当にしようというのだ。

これはアイデアだった。飯も多めに炊き、余った塩じゃけとタラコの脇に、塩昆布とショウガの味噌漬けを添えると、極上の「しゃけ弁当」が完成する。

昼は麺が多いが、時には尾根上で昼を迎えたりもする。そんな日を狙って、しゃけ弁当を拵えるのである。

会津の里の人たちは、昼飯のことを「ちゅうはんを使う」と言う。その風情に、しゃけ弁当ほどしっくりくるものはない。

4章 渓から渓へ

いつからか、
渓は渓だけで完結するようになった。
頂は、そこにゆったりと
聳えているだけでいい。
それがいいかはわからない。
しかし、それでいいではないか。
視界の隅に頂を捉え、
渓から渓へと結ばれる漂泊の軌跡。
いつしか私たちは、
森と水の申し子になっていた。

おじさんたちの夏 東北の秀渓にて

東北北部の渓でガイド山行をしたことがある。釣りの案内であっても山頂を踏む、というのが当時の私のガイドスタイルで、そのことを了解してくれている客だったから、楽しい数日を過ごすことができた。

そのとき、古い釣りの知り合いが、数人で同じ渓に入ることを知り、ならば現地で合流しようではないかと話がまとまった。

泊まり場で一緒に夜を過ごし、あとはそれぞれ勝手に行動しながら、下山まで連絡を取り合えればそれでよかった。

彼らのうちのひとりが私たちと行動をともにし、彼が見つけた3株の舞茸が毎夜の食膳を飾っただけでなく、私たちの土産にまでなったのを懐かしく思い出す。

それが竹濱武男、鈴木 仁、下山田康夫の茨城三人組である。

茨城渓流会という渓流釣りの会に所属していて、私はそれぞれの因縁で彼らと知り合ったのだが、山岳会という枠を超えた得難い友人であった。なにより3人とも大人で真摯で磊落《らいらく》だった。釣れればうれしいが、釣れなくとも、渓の空間に浸ることができさえすればそれでいいという、悠揚《ゆうよう》迫らざる風格があった。

竹濱さんが会社の社長、ほかのふたりは地元の市役所の幹部で、地方行政の要という重責を担っていた。しかし彼らは、そんな気配を微塵も感じさせなかった。山では役職など無用という、彼らの渓への思いを知ったのだ。

私は竹濱さんを「社長」、鈴木さんを「仁《じん》さん」、下山田さんを「下《しも》さん」と呼ぶようになった。年長の竹濱さんを水戸黄門にたとえれば、彼を両脇で支える仁さんと下さんは、まるで助さん、角さんのような存在に思えてならなかったからだ。

*

窓を叩く雨に気分を滅入らせながら道の駅の駐車場に着いたのは、それでも24時を過ぎてはいなかったはずだ。先に行って呑んでるよと聞かされていたから、あまり待たせないように、少しは急いだつもりだった。

そこには下さんのパジェロがあった。すでに3人とも現役を退いていて、自宅か

本流の中流部にある快適な幕場。ゼンマイの小屋場かと思ったが、秋田マタギの泊まり場だった。「秋田乗りの沢口」という

らの出発時間の制約はないに等しく、レストランの軒下のテントも、彼らのものにちがいなかった。

テントで仮眠をしていた彼らを起こし、あらためて寝酒の儀式をする。といっても呑み直すだけだ。茨城組に加えて、私の仲間の水野栄次と石井伸和の都合6人が渓の道行きで、遡行のみならず、山スキーでも誘い合ったりするから、新鮮とはいわないが、気安い顔ぶれである。

といっても、彼らとの渓も久方ぶりなのだ。たまにはどこかへ行きましょうかという話が春先から交わされ、それなら彼らのよく知っている、山形と新潟県境の沢旅にしようと思い立ったのは、遡行とピークにこだわらない、穏やかな沢旅がしたかったからだ。あるがままの渓を、あるがままに味わい、仲間たちとの交流に自らを解き放つ。それが私のたどり着いた渓の遊び方であった。

*

渓へのアプローチは、下流からの遡行を除けば、すべて山越えを余儀なくされる。その山越えのひとつをアプローチに選んだのは、それが効率よく渓の源流に至る最短の峠道だったからだ。

荷物を分け合って、さて行くかとなったとき、いつも互いにトップを譲り合うのは通過儀礼に等しい。しかし、その渓の存在を茨城組に教えてもらった私としては、彼らに先んじてトップを歩くわけにはいかなかった。

だから当然のように、下さんがトップを切ることになる。

小さな沢を3つ横切り、急傾斜の仕事道を登って稜線に立つ。と言ってしまえば簡単だが、いつもながら、このアプローチは苦行であった。なにより歩き初めの荷の重さが耐え難かったし、急坂の登高がそれに輪をかけた。しかし、釣らんがための、いや、楽しまんがための執念が、関門のごとき急坂を登らせるのである。

微かな風を捉えた体が休憩を求め、荷を下ろして、しばしくつろぐ。

空は変わらず重くのしかかり、もし大雨にでもなれば、難なく徒渉してきた3つの小沢も増水で徒渉不能になりはせぬかと危ぶむが、いまさら帰路の難渋に思いを馳せたとして、どうなるものでもなかった。

径は、源流の二俣を分ける急峻な尾根に付けられていた。

あとはなにほどの懸念もなく、いつもの径を下って本流に下り立つだけでいい。

その油断が社長の足にきた。あれやこれやの障害を抱えている身であってみれば、

一瞬の油断が事態を暗転させるのである。

幸い黄門様には、助さんならぬ仁さんがついている。それを信じて、私たちは一足先に、源流に下り立った。

今日の予定は、源流の下降点から下流2㎞の地点にある「秋田乗りの沢口」という右岸の幕場で、1時間半もあれば行き着ける距離だが、社長の足の不具合では、そこまではたどり着けそうになかった。

若いころなら、社長の体調の心配はしても、どうにか歩いてもらおうと思うところだが、いまや好々爺と化している私は「社長、無理は禁物だから、近くの幕場にしましょうぜ」などと、彼のせいにして行動を終えようとする魂胆が透けて見えた。無理に歩く必要など微塵もなかった。楽しむことがすべてなのだ。

＊

下り立った地点は本流と支流を分ける二俣で、本流に100mも入れば、ブナの森の恰好の幕場がある。

本流は、幕場を過ぎると徐々に両岸を狭め、いくつかの滝を懸けるが、再び開けて源頭に向かう。そしてイワナは、その先までいる。

午後に入ったばかりだったから、時間はたっぷりある。まずはタープ張りと薪集めだ。

ここしばらくは大雨もないらしく、幕場には冠水した形跡が見られないから増水の心配は要らないだろう。

上流は社長の釣り場にとっておき、周辺や下流に点在している薪を切り出して、太い木は手で抱え、細い木はスリングで縛って運び出す。

今宵一夜、いや、おそらく明日の夜もここだろうから、不自由しないほどの薪を集めなければならない。燃やしきれなければ、次にこの幕場を使う人のために残置しておけばいいだけのことだ。

少し休んで回復したらしい社長が、竿を片手に上流に消えた。

なにせ、提灯テンカラの名手なのだから、釣果はまったく心配していない。

同じ釣り人でも仁さんと下さんは、社長に任せておけば自分が釣る必要はないのだと、泰然として動じない。

人数が多いからタープも大がかりになる。この渓に精通していて、単独で頻繁にこの地を訪れる下さんが、秘密の場所に隠しておいたブルーシートを持ってきて広

これが茨城渓流会の三人組。いつもつるんで歩くが、親分のサポートは仁さんと下さんのふたり

げると、必要にして充分な渓の家ができあがった。私のタープの出番など、どこにもなかった。

家型に張ったブルーシートの真ん中を煙出しにし、薪を組んで火を付けてから乾杯をする。山越えをして、ようやくくつろぐこの瞬間がいい。

ちびちびと始めていたら、社長が帰ってきた。大漁とはいわないが、それなりの数のイワナを手にしている。

さすがに社長だ。釣れないことなど考えてもいないが、渓の恵みを分けてもらったようでうれしい。本流もここまで来ればそれほど大物は出ないが、それでもいい型のイワナが並ぶ。これで渓の夜の味わいも深まるというものだ。

宴会に加わった社長と入れ替わりに、仁さんが沢の畔に消えた。イワナ料理に腕を振るうためだ。

仁さんという人は、渓を楽しむ天才だと思う。北の沢旅で舞茸を採って私たちに振る舞ったのも彼だったし、料理の腕も人後に落ちないとなれば、私の出番はさらにない。

私ももちろんイワナは捌くが、仁さんのナイフ捌きに見惚《みと》れるほかはなかった。

きっと彼は料理が好きなのだ。必要に迫られてナイフを握る私とは、そこが違う。むろん、ほかのふたりも達人にほかならないが、仁さんがいれば手を出さない。そのような役回りになっているに違いなかった。

刺身に始まり、なめろうになり、背開きの一夜干しがあるかと思えば、イワナの蒲焼きがフライパンの上で湯気を上げ、果ては塩焼きや、串に刺したイワナの胃袋まで出てくる始末だ。いつものことだが、そのみごとさに舌を巻く。

やがて闇が下りてきて、焚き火の炎が輝きを増し、居並ぶ顔を照らし出す。宴は佳境である。

空は見えないが、降らないでほしい。夜に降って朝上がるなら、どれほど降っても差し支えないが、やはり雨は気が滅入る。けれどここならば、どれほど雨が降ろうと脱出に不自由はない。悪天を承知で渓に入ったのだから、ここは社長に感謝すべきだろう。

*

朝まで雨は降らなかったが、空はどんより曇っている。下流の幕場まで進んでも、降られたら翌日が厄介だ。ならばここに荷物を置いて、下流までのんびり往復しよ

幕場で落ち着く。こうなってしまえばテコでも動かない

う と衆議一決する。

目的地までは、滝がひとつもない。淡々と河原が続くのでもない。釜があり、ゴルジュがあり、高巻きがあるかと思えば、森が両岸に迫る淵がある。精妙な渓だった。その2㎞の回廊を、私たちは長く延びて自在に歩いた。

人が通ったらイワナは釣れなくなるが、この渓は別だった。人間が釣ったくらいでは、イワナはいなくならないと言った先人がいるが、さほど釣りがうまくない私にも、それはうなずけた。

これまで何度もこの渓に入っているが、貧果ということがなかったからだ。おそらく、ここのイワナは湧くのではないかと思う。地下水が豊富で、餌に恵まれているのだ。地下水というのは、いわば見えざる水脈である。その水脈で暮らすイワナが流れに出てくるのであろう。

たどり着いた幕場は広大な空間だった。渓を歩いていても、これほど広い平地にお目にかかることはまれである。大げさに言えば運動場のような広さだったのだ。

初めてここに泊まったとき、ゼンマイ採りの小屋場だと無条件に信じたが、それは違うのだと下さんに教えられた。なぜなら、すぐ上手《かみて》にゼンマイ小屋の跡がある。

下手《しもて》の平地を小屋に使わなかったのは謎だが、そこにゼンマイを茹でた釜が転がっていれば信じないわけにはいかなかった。

後日、この周辺の山と渓に詳しい新潟の亀山東剛さんに調べてもらったら、この地は、「秋田乗りの沢口」という名前であることが判明した。

秋田乗りとは、秋田マタギのことで、ナメ棒で雪の斜面を滑り降りた場所から名付けられたものらしい。すなわち、猟師の泊まり場なのだ。

飯豊の山でお世話になっている亀山さんに私は頭が上がらないが、さすがに彼でも知るまいと、ダメもとで聞いたのに、名前はおろか由来まで調べ上げてくれたのには畏れ入っている。

その広場で小さな焚き火を熾して昼飯を食べ、周辺の支流を釣ってから、のんびりとゆうべのテント場に引き返した。先ほど歩いた影響など微塵もなく、よく釣れる午後の本流を、交代で竿を出しながら上流をめざした。

＊

3日目の朝も雨にはならず、天に感謝する。焚き火も余裕で間に合った。火の始末を十全に行なって幕場を後にする。「来たときよりも美しく」というのは至言である。

急な峠道を黙々と登る。むろん心は満ちている。その思いを陰らすようにして、稜線を黒雲が覆い始めた。峠を目前にして、すでに夕方よりも暗くなった。

急いで雨具を着始めたら、すさまじい雨になった。遅れている社長を仁さんと下さんに任せ、走るようにして急坂の山道を下った。

脳裏にあるのは、入山時に渉った3本の小沢であった。果たして、増水して徒渉不能になる前に渡れるか。

渓はいつでもドラマチックだ。

秋の浦和浪漫ＯＢ山行

初めての東北のＯＢ山行は、秋の栗駒山だった。こちらから参加したのは、池田知沙子と坂内幸男と私の３人で、現地で小松正秋が加わる予定だった。

集合は現地の峠で、夜通し車を走らせて峠に着いた。小松はまだ来ていない。秋の夜がようやく明けようとしていた。薄明の底から淡い色彩がゆっくりと浮き上がり、やがて山一面に広がった。

「すごいね」

しばらく無言で山を見ていた池田知沙子がそう言った。いかに季節が合致したとはいえ、その紅葉が尋常ではないのは、私にもわかった。

よく晴れた秋の日で、やがて小松がやってきて、私たちが紅葉を褒める前に口を開いた。

「今年の紅葉は50年ぶりだって、テレビでやってましたよ」

そのときは、そんなものかと聞き流していたのだ。

下山口に車を置き、小松の車で産女川《うぶすめ》に向かい、身支度を整えて遡行を始めるころ、ようやく渓に光が差した。

それからはもう、山の季節の競演であった。

私たちは色彩の海に染まっていた。高く澄んだ秋空の下で、いささかの破綻もない、完璧な紅葉が光を返して山肌を埋め、白い花崗岩《かこう》を滑り落ちる清冽な流れを、無心に遡った。

流れの傍らに腰を下ろして、秋の意匠のみごとさに見惚れていたら、疑問が口を衝いて出た。

「50年ぶりの紅葉だっていうけど、その根拠はなんなの？　誰が決めたんだろう。テレビでは説明はなかった？」

小松に50年ぶりの紅葉と聞かされて、確かにみごとだと思いながらも、気にかかっていた疑問だった。

その疑問に、テレビを見ただけの小松が答えられるはずもない。

私たちは源流の避難小屋に泊まり、翌日は麝香熊《じゃこうくま》沢を下って山麓の温泉宿に泊ま

錦秋の葛根田川畔。ただ宴会のためだけにここまでやってきたとは、とても考えられない

ったのだが、その間、折に触れては「50年ぶりの紅葉」の話題を持ち出していたように思う。

私が栗駒山の山行を今でも鮮明に覚えているのは、あの紅葉の記憶が忘れられないからだ。あのときには、それが「秋の東北ＯＢ山行」として根づくことになるとは思いもしなかった。

＊

ＯＢ山行というのは、浦和浪漫山岳会のＯＢ会が主催する山行のことだ。浦和浪漫山岳会は、今の若い人たちは知るまいが、埼玉県の浦和を本拠地にして活動する沢登り集団として、少しは知られた会だった。

その小さな山岳会が姿を消したのは、10年以上前である。母体の山岳会なき後、浦和浪漫山岳会ＯＢ会だけが残った。

まだ活発に活動していた当時から、現役とＯＢたちとの交流の場として生まれたのがＯＢ山行だった。

当初は春の山菜山行として奥利根や南会津で行なっていたものが、3月のＯＢ山スキー山行に発展し、やがて秋の東北でもＯＢ山行をしようという機運が高まった。

それは、東北出身で、しかも跡継ぎの会員が多かったからだ。親が老いれば彼らも帰省を余儀なくされる。

ＯＢ会も10人はいた。それが亡くなったり、嫁に行ったり、忙しかったり、東北とは逆の遠方に転勤したりで、結局はいつもの5人の顔ぶれが、ＯＢ会を率いてきた。その5人が、山岳会を立ち上げたときのメンバーだったのは、当然とはいえ、うれしい結果だった。苦楽をともにした仲間ほど、その後の付き合いも長く続くということだ。

岩手の気仙沼の小松正秋。宮城の仙台から、やがて福島の郡山に落ち着いた水野栄次。秋田の五城目の舘岡恵《さとし》。そして、栃木の坂内幸男。

電電公社の職域山岳会だったものを、一般社会人山岳会に移行した当時から、苦労をともにして発展させてきた、かけがえのない仲間たち。

櫛の歯が欠けるようにして東北に去った彼らと会うには、関東に住む私たちが出向くのが最良であった。高速道路が延び、新幹線が走ってしまえば、アプローチも格段に楽だった。

秋の栗駒山が予想外に楽しく、翌年の秋には、和賀山地の生保内《おぼない》川から堀内《ほりない》沢、

滝狭荘の湯船で憩う。
鉱泉ではなく、ラジウム温泉としての規模は全国でも屈指

風呂に入ってまた呑んで、いつしかバタバタと倒れていく。まだまだ寝てはいけない。もっと呑め。そのせめぎ合いがOB会の恒例である

翌々年は虎毛《とらげ》山塊の虎毛沢から赤湯又沢《あかゆまた》、さらには岩手の小出川《おいで》と続いて、いつしか秋の東北OB山行として定着するのである。

その秋の東北の山行に、関東から参加するのが、古手の坂内や池田知沙子や私だったのは、ハードな遡行をしたいはずの若い会員たちを巻き込みたくなかったからだ。あるいはまた、たおやかな東北の渓を、すでに厳しい遡行から卒業したつもりの気心の知れた古い仲間たちで、ゆったりと味わいたかったのだともいえる。

そのようにして、今では春の山スキーも山菜山行も秋の遡行も、OB山行のすべてが東北で行なわれるようになった。

初めてOB山行が行なわれた秋の栗駒山が1985年で、すでに30年近い歳月がたつが、春・夏・秋と数を増やしてきたため、通算となるとさっぱりわからない。しかし、参加者の増減があっても、一度たりとも休んだ覚えがないのが自慢なのだ。

一度でも休むと、OB山行が途絶えてしまうのではないか、という恐れがある。さしたる数がいるわけでもない私たちは、絶滅危惧種に等しい。まして近年は、母体となる山岳会もないのだから、OBが増えるはずもない。場合によっては年に3回しか会わない会員もいるわけで、しかも彼らは山から遠ざかって久しい。それでも年に3度、物置から古い山の道具を引っ張り出して山行に駆けつけてくれる。その気概がうれしい。

しかし、そろそろ私たちも老いぼれて、先が見えてきた。池田知沙子が亡くなってから15年がたつが、それ以外は少人数ながら、どうにか毎回、日程を合わせて参加してくれる。

OB山行が、遡行はさておき、お互いの近況を語って渓で呑み明かす、一風変わった山のOB会として続いてくれるなら、それはとても素敵なことだと思う。

＊

3月の山スキーと春の山菜は1泊だが、秋のOB山行は、渓で1泊した後、近くの鄙《ひな》びた温泉宿で自炊泊するのが恒例になっている。

行なわれるのはおおむね10月の後半だから、渓だけで解散するよりは、どうしても温泉の一夜が欲しくなる。そんな季節だ。

葛根田川《かっこんだ》に向かったのは10月の末である。毎回替わる担当だが、今回は舘岡恵だった。彼が提案したのが葛根田川の遡行であった。

5年前の秋のOB山行も葛根田川で、雨に祟られて遡行にならず、入渓点の河原

ザックには今はなき、浦和浪漫のマークが燦然と

小降りを潮に、渓に向かう

火が付いてしまえばこっちのものさ

準備は万端、いつでもいいぞ

亡き友の遺影も傍らに

久々に集うよろこび

にタープを張ってお茶を濁した。そのときの担当だった舘岡が、雪辱を期して持ち出したのが今回の計画だった。

いかに軟弱な山行をしていても、追い返された渓の記憶は鮮明に残る。だから執念深く再挑戦を繰り返す。おかげでこれまで、追い返されたままのＯＢ山行はないはずである。渓は、そのようにして自分のものになる。

今回も、葛根田川中流部にある、中ノ沢出合の幕場に泊まる計画を組んだ。

しかし、無情にも雨が再び私たちの遡行を阻んだ。

近年はＯＢの誰よりも多く山行に参加し、まるで現役に復帰した感のある水野栄次と、これまた現役ながら参加してくれる若手の石井伸和、それに坂内と私の４人で葛根田川をめざした。秋田の舘岡と岩手の小松は現地で合流する予定である。

いつものように、滝ノ上園地の快適な休憩所で、彼らを待って酒を呑み、いつものように目覚めるが、悪いことには昼になっても雨は上がらなかった。

雨がやめば昼からでも行動するが、さすがに雨具を着てまで歩くつもりはない。

幸い、翌日に宿泊を予定している滝峡荘《りゅうきょう》が、今日もすいていて、連泊を頼むことにする。

OB山行で、温泉宿での2泊の経験はこれまでにもなく、渓に泊まれないのは悲しいけれど、それがさほど不幸とも思えないのは老いたせいかもしれない。まして私はガイド山行で、葛根田川に一歩も入れずにこの宿で3泊を余儀なくされた経験があるから、そのような事態には委細動じない。

ここ滝ノ上温泉の滝峡荘は、葛根田周辺でも一軒だけの自炊宿で、建物も傷んできていて泊まり客も少なく、日帰りの入浴客でどうにか経営が成り立っている宿だ。それに近年は、集中暴雨の被害で林道が崩れ、通行止めの期間が長かったから泣きっ面に蜂で、身売り話が決まったと聞かされた。近々、建て替えになるらしい(※)。古い風情が残されるかは知らず、それでも私は、この宿の湯と風情が大好きなのだ。いっそ滝峡荘の応援団長を名乗りたいほどである。

全国でも唯一のラジウム温泉というのが、この宿の売りだが、ラジウム温泉は各地にあるから、なにもここだけの話ではない。けれど、その湯船のたたずまいが絶品である。

ほかに褒めるものはなにもない。建物や部屋もボロだ。しかし、軋む廊下や、宮沢賢治と思しき詩歌の飾りが、渾然とした雰囲気を醸し出していてなかなか捨てが

昨年、還暦を迎え、いまだNTTから離れられない坂内幸男と小松正秋

OB会を支える筆頭、水野栄次

ひとり気を吐くろうまんの雄、石井伸和

近年、山から遠ざかっていて、無念の舘岡 恵

たい。それが賢治の作かは知らないが、廊下の窓に掛けられた「堪忍と、書いた袋を首に提げ、破れたら縫え、破れたら縫え」という言葉が、我慢の足りない私たちに自省を促す。

2晩とも泊まり客は私たちだけで、貸し切り同然であった。ごろごろと、部屋で寝転がっては酒を呑み、起きては湯船に浸かって、また呑んだ。

今では呑むためだけに集まっているようなOB山行だが、それでも若き日は、目を輝かせて未踏の渓に分け入った仲間たちだ。

イワナを見つけた途端、目を光らせて腕をまくり、一尾も逃すまいとする、手づかみ名人の小松正秋。泳ぎも登攀もそれぞれ達者で、常に飄然と渓をリードしてきた坂内幸男。的確に状況を判断する能力に長けた水野栄次。最も年若く、末っ子のようにみんなに愛されながら、渓に寄せる情熱は、誰にも負けなかった舘岡 恵。

小松も坂内も定年を迎えてなおも働き、水野も舘岡も、あと何年かすれば、その歳になる。それぞれに老いたが、若い日の渓の記憶が、饒舌をいざなって夜が更けていく。

唯一現役の石井伸和は、入会して10年がたつが、新人が入ってこないから、いつまでも下っ端で、済まないとは思うが、これぱかりは我慢してもらうしかあるまい。

薄汚れた窓に、小松が忘れずに持ってきた池田知沙子の遺影が飾られている。一時は毎年の追悼の儀式を欠かさなかったが、今では遺影も無造作に、斜めに置かれるのがせいぜいだ。

しかし、その大雑把な扱われ方を、彼女は喜んでいるだろう。なんといっても、自分の骨をゴミ箱に捨ててもらって一向に構わないと断言した人だったから、この場で思い出してもらえるだけでもうれしいはずだ。

翌朝、再び酒に溺れる前に、全員で風呂に入る。貸し切りの自炊宿の温泉ならではの贅沢だ。じっくりと体を温めながら、来し方を振り返り、行く末を思う。

さて来年はどこにするかと思いをめぐらせるが、しょせんこの世は一期一会だ。大過なく無事に再会できさえすればそれでいい。

昼までと時間を切って、小雨のなかを、地熱発電所の奥にある、葛根田川の入渓点である堰堤上の河原まで遊びに行ったのは、沢屋としてのせめてもの意地である。

ヤブをこいで林道から下り立った葛根田川は、今を盛りの紅葉に覆われていた。

吹き募る風のなかでタープを張り、小さな焚き火を熾して酒を呑み、与太話をして過ごしただけだが、ただ温泉で夜を待つよりはましだった。

宿に戻って、所用のために無念の表情で帰宅する水野と石井を見送った2日目の夜の食事は、舘岡自らが用意した。いつもの食事担当の石井に帰られては、OB山行担当の舘岡がやらざるを得なかったのだ。

舘岡が腕を振るった、秋田の郷土料理のきりたんぽ鍋はおいしかった。

6人が4人になった部屋で酒を呑む。ゆうべは気づかなかった沢の音が静かに聞こえている。静かな温泉宿の夜もいいものだ。渓に泊まり、温泉宿に泊まって酒を呑むだけのこの集まりが、OB山行と呼ぶに相応しいかは私にもわからない。

だがしかし、渓を愛したがゆえに、その思いの共有を求めて集うなら、それもひとつの渓の遊び方にほかならない。

※滝ノ上温泉滝峡荘は建て替えのため休業中、営業再開は未定（2018年5月現在）。

昔の渓から今の渓

私にとって、渓は逍遥である。

これまで巡ってきた渓の遍歴は、そのまま私の求める渓が逍遥であったと悟るために必要な歳月だった。

山は揺るがざる象徴だった。揺るがぬものの前では、揺らぎが鮮明に見えた。山に魅せられたのは、揺らぐ自身の振幅を見定めたかったからだ。

しかし、揺るがざる山を支えているのが自在に流れる水だと知ったのは、新鮮な驚きだった。山が水を生み、その水が森を育み、森が山を支える。その静と動の連鎖が自然の営みの本質だった。

森は静であり動でもあった。その緩やかな森を介しながら、静の象徴としての揺るがざる山を求め、動の象徴ともいうべき渓を彷徨うのが、私の沢登りの原点であった。

私が山を始めた当時の沢登りは、アルピニズムの配下にあった。「より高く、より険しく」を標榜するアルピニズムのトレーニングの場として存在していたのだ。

それでも、沢登りは楽しかった。登山道という線を離れれば、そこにあるのは面としての空間である。その広大な空間を、渓に沿って山頂に向かう快感と充足が沢登りの楽しさであり、喜びだった。

いつしか私は、沢登りを創造の対象として捉え始めていた。登山道という線に導かれる安易な登高ではなく、自らが自在にラインを見いだして切り拓く、「創造」としての沢登りである。

私が「谷」を「渓」と書き、沢登りを遡行と表現するようになったのは、そのころからだ。もしかしたら、アルピニズムに隷属していた時代の沢登りという言葉を嫌い、創造としての沢登りを遡行という言葉に置き換えて、登山の新たな領域の獲得として表現したかったのかもしれない。

しかし、沢登りを創造としての遡行と断じるためには、未知未踏の流域が必要だった。だが、時代はすでに未知未踏の終焉を予告していた。初登攀と初遡行に栄光と記録価値がある以上、すべては二番煎じに甘んじなくてはならない。

初遡行の価値は未知と険しさである。価値ある渓が遡られてしまえば、残された流域は、すでに未知を失った、価値の薄い渓の群れかもしれない。その悲しい認識が、未知未踏を求める私たちのスタートだった。

二番煎じに甘んじるか、価値は薄いが、未知の香りに満ちている初遡行を採るかの選択だったのである。

私たちが選んだのは後者だった。手垢が付いている山域でもいいのである。その山域のなかの落ち穂拾いでもいいから、自らの手で未知未踏の渓を探し求め、自らの力でラインを見いだし、遡ってみせねばならなかった。

目を転じてみれば日本国中沢だらけ。記録的価値さえ追い求めなければ、遡られていない未知の渓は無数にあった。しかし、求道のようにして初遡行にこだわるかぎり、やがては小さな未知をも失うはずだった。自らの手で、自らの首を絞めるのである。

さて、そのときにどうするか。

ひとつの思案があった。「より険しい未知」を追い求めるアルピニズムの呪縛を捨て去り、それまでに積むことになるであろう経験を基にして、渓を楽しみの領分として転化していけばいい。遡行して頂に立つことがすべてではない。遡行という行為に埋没しながらも、山頂に至るための手段に終わらせず、森と水に親しみ、日を重ねる喜びを、渓に見いだせばいいのだ。

山菜やキノコを知ることでもいい。鳥や蝶や花の名前を覚えるのでもいい。イワナを釣るのでも、渓に沿って続く杣《そま》道の行方に興味を示すのでもいい。あるいはまた、装備を極力排して、不自由な渓の遡行にこだわってもいい。街から逃れて自然に浸る行為の最上に、渓の遡行があればいい。

その結果として山頂に立てるなら、それはそれでうれしいことだ。

自在な水の支配下にあるかぎり、渓もまた自在に変化する。初遡行された渓でも、たとえば巻機《まきはた》山の米子《こめこ》沢のように、渓の魅力を十全に備えて多くの遡行者を迎えるのでもなければ、長い歳月を空白のままに過ごしてきた渓もあるはずだ。

しかし渓が水によって形づくられ、雪崩や洪水や山抜けに苛まれる存在であってみれば、時として、初遡行時とは及びもつかないほど変貌した渓の姿を目撃することになる。それは新たな未知の発見である。初遡行の栄光とは無縁の、創造の領域がそこにあった。

渓は生きている。その豊かな変化に満ちた渓を、瑞々しい感性を失わずに訪れたかった。

＊

硬軟自在の融合を求める、小さな山岳会の渓の遍歴は、そのようにして始まった。奥利根を活動のメインに据えながら、並行して只見川の奥山に足繁く通い、ひととおり遡り終えた奥利根に替わる山域として探し出したのが、下田・川内山塊だった。どの流域にも個性があった。その個性に同調するようにして渓を遡った。

奥利根の重厚。川内の精妙。只見川流域の山と里の共存と、そこで暮らす人々との出会い。それらの流域を旅しながら発見したのは、険しさで知られた渓にも、必ず安らぎの空間があることだった。

果てしなく続く岩壁の連なりの狭間に、魔法のように点在するブナの森。雪代《ゆきしろ》がもたらした危うい河原。その島のごとき空間を港にして、ゴルジュを泳ぎ、滝を登って高みをめざした険谷の妙。

秋の日の午後、目前の滝の釜が越えられず、手前の河原にタープを張って、朝一番の凍えるような泳ぎを強いられた、川内の早出川広倉沢。その奥に現われた、90

mの知られざる大滝。

しかし、そのような険谷の遡行は、柄にもなく挑戦した北アルプスの、剱沢大滝の登攀を期に影を潜めるようになる。楔《くさび》のようにそびえ立つ岩壁の狭間を流れる剱沢大滝は、もはや遡行の領域ではなく、クライミングの対象であった。それを私は無理やり遡行と決めつけて挑んだ。そうとでも思わなければ、とても登れる滝ではなかったのだ。

精根尽き果てた登攀だった。それが48歳の秋の記憶である。

折から所属していた山岳会は、未知未踏を失って南会津に転身していた。険谷から、穏やかな山並みの渓への希求であった。

渓を逍遥として意識したのは、そのころのことだ。

渓の指向の変化は遡行者の年輪に連動するように思う。家族を得て子どもをもうけて仕事に精を出していれば、その間にも体力は落ちていく。それでも私は、渓から離れるわけにはいかなかった。

険谷で知られる川内山塊よりも、稜線を挟んで南面に位置する下田の渓は少し穏やかで、下田山塊と県境を接する、東方の只見川上流の奥山は、さらに穏やかだった。只見川の流域は、すでに南会津の一角なのである。

別に意図したわけでもなく、流れるように、あるいはまた、戦線から離脱する兵士のように、川内から下田、そして南会津へと導かれた遍歴の源は、川内の険谷で見つけた、ひとしずくの宝石のような安らぎの空間であった。

私たちは無意識に、より安らぎに満ちた渓を求めて漂泊を重ねていたのだった。東北の朝日連峰を流れる渓に八久和《やくわ》川がある。稜線に至るまでに4泊を要する長大なその渓を遡ったとき、私ははっきりと、これまでの遍歴の渓の行方が逍遥の沢旅であることを知った。

それは垂直志向から水平志向への転換といっていいかもしれない。滝などなにひとつなくてもよかった。滔々《とうとう》と流れる渓に寄り添って、高みへと旅したい。ハーケンやハンマーは、もはや必要ではなく、徒渉のためのロープがあればよかった。

叶うかぎり山の幸に食材を求め、竿を忍ばせてイワナを追い、焚き火を友として渓の夜を過ごし、彷徨うようにして渓を歩く。減らせるものは極力減らし、楽しみを充当する。

そのためには、米と味噌と調味料と、わずかな酒があればいい。

＊

私が求めた逍遥の旅は東北の渓が中心だったが、東北にこだわったわけではない。北海道のクワウンナイ川から大雪山系のトムラウシ山に立ち、信越の魚野《うおの》川から岩菅《いわすげ》山にも立ったけれど、それでも導かれるように東北の地に魅かれたのだ。葛根田川や大深《おおぶか》沢のたおやかな渓があり、白神山地や和賀山地や朝日連峰の渓にも遊んだ。

すでに山頂にこだわっていなかった。しかし、渓谷から頂に立つ喜びを忘れたわけではない。そこに山頂があれば、ヤブをこいででも立つつもりはある。

そのような、緩急に満ちた渓を逍遥する喜びは、それまで歩んできた奥利根や下田・川内山塊、そして南会津の遍歴の結実としてある。

いま少し、渓を旅してみようと思う。軌跡をともにしてきた仲間たちがいる。すでに老いぼれたと言うのは私の謙遜に過ぎない。私より、少しは若い彼らに支えられて旅する季節が、小さな春の気配の向こうにある。

あとがき　文庫版によせて

本書を発行したときから、このあとがきを書いている現在まで4年の歳月が流れている。その間、登山の技術と装備の進化は遅滞なく進んでいるはずだが、私の装備は十年一日のごとく変わらない。

私は忘れ物大王なので、紛失物と消耗品は補充するが、それ以外の装備は以前のままだ。GPSが流行ったと思ったら、いまやスマホで現在位置を把握する遡行者を多く目にする。私が地形図以外どちらも持たないのは、便利さに頼ってしまうと危機管理能力が衰退すると頑なに信じているからだ。

山を独り占めする方法はいくつかあって、単独で登るのが最も早いが、あとは装備を減らせばいい。減らした装備の分だけ、山は間違いなく自分のものになる。不自由を常と思えば不足はないのである。

すべては、自分の登山技術と経験を冷静に分析し、状況に応じて工夫を凝らしながら、自らの登山を作りあげていけばいい。

本書で紹介した装備と渓のスタイルが現在までほとんど変わっていないのは、そのような考えによる。稚気に等しいこだわりだが、すべては私の手前勝手な道具論である。

2018年6月　高桑信一

デザイン　朝倉久美子
写真　田渕睦深（カバー・本文）
高桑信一
（P29・41・65・69・117・252 ～ 253）
イラスト　山口正児
編集協力　岩城史枝
編集　松本理恵（山と溪谷社）

本書は、2014年4月に刊行された書籍『タープの張り方 火の熾し方ー私の道具と野外生活術』（小社）の一部構成を変更して文庫化したものです。

本書に掲載した商品・書籍等はすべて著者の私物です。現在販売されていないものもあるため、値段や問合せ先は掲載していません。

タープの張り方 火の熾し方
私の道具と野外生活術

二〇一八年七月二十日　初版第一刷発行

著　者　高桑信一
発行人　川崎深雪
発行所　株式会社　山と溪谷社
郵便番号　一〇一―〇〇五一
東京都千代田区神田神保町一丁目一〇五番地
http://www.yamakei.co.jp/
■乱丁・落丁のお問合せ先　山と溪谷社自動応答サービス
電話　〇三―六八三七―五〇一八
受付時間／十時～十二時、十三時～十七時三十分（土日、祝祭日を除く）
■内容に関するお問合せ先　山と溪谷社
電話　〇三―六七四四―一九〇〇（代表）
■書店・取次様からのお問合せ先　山と溪谷社受注センター
電話　〇三―六七四四―一九一九
ファクス　〇三―六七四四―一九二七

フォーマット・デザイン　岡本一宣デザイン事務所
印刷・製本　大日本印刷株式会社
定価はカバーに表示してあります

Printed in Japan ISBN978-4-635-04857-6

人と自然に向き合うヤマケイ文庫

加藤則芳
森の聖者 自然保護の父 ジョン・ミューア
「アメリカの自然を救った男」の生涯をたどる

コリン・フレッチャー著／芦沢一洋訳
遊歩大全
1970年代の「バックパッカーのバイブル」を復刊

高桑信一
山の仕事、山の暮らし
失われつつある山に生きる民の暮らしを活写

本山賢司・細田 充・真木 隆
大人の男のこだわり野遊び術
型破りで正しい、個性派アウトドア教則本

辻まこと
山からの絵本
豊かな山の世界を綴った代表的紀行画文集

串田孫一
山のパンセ
哲学者の思索と詩人の感性で綴ったエッセーと紀行

畦地梅太郎
山の眼玉
「山男シリーズ」の版画家の47編の紀行随筆集

白石勝彦
大イワナの滝壺
難渓に大イワナを求めた源流釣行記

高桑信一
古道巡礼 山人が越えた径
山の暮らしとの関わり深い古道を辿った旅の記録

土屋智哉
ウルトラライトハイキング
シンプルで自然なハイキングスタイルを紹介

芦澤一洋
山女魚里の釣り
風土を見つめ、自然を想う15編の釣り紀行

芦澤一洋
アウトドア・ものローグ
自然と向き合う心と思想を語った82編

松本理恵
山小屋ごはん
山と山小屋、ごはんを作る人を巡る18の物語

根深 誠
白神山地マタギ伝 鈴木忠勝の生涯
伝承マタギが語った自然と共生した山の暮らし

Yamakei Library